AF277915

CATEDRAL DE ESCOMBROS

Pedro Torrijos (Madrid, 1975) es arquitecto y escritor. Desde 2011 desarrolla su obra narrativa en distintos canales y formatos. Colaborador en la Cadena SER, *El País* o *Yorokobu*, sus relatos también se han escuchado en RNE, Podium Podcast y el Museo ICO. Autor de #LaBrasaTorrijos, con un millón de lectores en X e Instagram, fue finalista en la XXVI edición de los Premios Zapping en la categoría de Mejor Iniciativa en la Red y seleccionado para el pabellón de España en la Bienal de Arquitectura de Venecia en 2021. Es autor de los ensayos *Territorios improbables* y *La pirámide del fin del mundo*, la novela *La tormenta de cristal* y el libro infantil *Atlas de lugares extraordinarios para descubrir el mundo*.

PEDRO TORRIJOS

CATEDRAL DE ESCOMBROS

Una anatomía
del derrumbe

EN DEBATE

Papel certificado por el Forest Stewardship Council®

Primera edición: octubre de 2025
Segunda reimpresión: diciembre de 2025

Printed in Spain – Impreso en España

ISBN: 979-13-87600-03-7
Depósito legal: B-14.321-2025

Compuesto en La Nueva Edimac, S. L.
Impreso en Huertas Industrias Gráficas, S. A.
Fuenlabrada (Madrid)

C600037

Índice

Prólogo 13

PRIMERA PARTE. 217 millones de
    camisetas básicas 17
SEGUNDA PARTE. Hipnosis 39
TERCERA PARTE. Tierras inundables 55
CUARTA PARTE. La culpa y el espectáculo . . . 81

Epílogo. Pedro y el lobo, pero sin
    música de Prokófiev 113
Agradecimientos 121

Para Loreto, que ha salido a navegar

Los hombres son tan rápidos en culpar a los dioses: dicen que somos nosotros quienes urdimos sus desgracias. Pero ellos mismos, en su propia depravación, forjan pesares aún mayores que los que el destino les impone.

HOMERO, *Odisea*

Los muertos han venido a llevarse a los vivos.
Los muertos amortajados, los regimentados muertos a caballo.
Un esqueleto toca el organillo.

DON DELILLO, *Submundo*

–¿Así que de eso va todo esto, Hans? ¿De un puto robo?
–Baja el arma.
–¿Por qué tuviste que volar todo el edificio, Hans?
–Bueno, cuando robas seiscientos dólares, puedes simplemente desaparecer. Pero cuando robas seiscientos millones, te van a encontrar.

JEB STUART Y STEVEN E. DE SOUZA,
Jungla de cristal

Prólogo

Te mira desde una piscina, rodeado de chicas jóvenes. Tal vez es un *jacuzzi*, no lo recuerdo bien, aunque la diferencia, en este caso, es puramente técnica porque –y aquí está la clave– nada de esto es real. O, mejor dicho, todo es real y, al mismo tiempo, nada lo es. Es decir, sí, hay agua, probablemente clorada, reflejando los destellos artificiales de unos cuantos focos que, siendo sinceros, tampoco se preocupan demasiado en simular la luz dorada de una tarde de verano como las de los anuncios de cerveza. Les da igual. Sí, hay cuatro o cinco mujeres en bikini, que por contrato deben sonreír de una forma que proyecte una mezcla de disfrute hedonista y desinterés profesional. Sonríen porque están allí para eso, porque la imagen requiere que lo hagan. Pero todo el conjunto, incluidas las chicas, la piscina/*jacuzzi* y el atardecer ficticio, no es más que un decorado. Un simulacro diseñado para proyectar lujo, poder, placer, éxito. Un compendio de lo que se consideraba aspiracional en los años ochenta, aunque estemos en el verano de 1991. Y en el centro está él, con un micro de corbata enganchado a una cadena de oro. Habla directo a cámara con una voz que tiene la textura y el volumen de un tractor viejo, de esos que pasan por caminos rurales a demasiada velocidad y te dejan una vibración incómoda en el pecho. No disimula la calva incipiente ni la barriga ni que está cerca de cumplir sesenta años. Podría haber intentado ocultarlo –con un peluquín, con retoques, con un régimen de gimnasio probablemente financiado con dinero público–, pero no lo hace. No lo necesita. Porque está allí. Él está allí.

Quizá donde debería estar es en la cárcel. Ya lo estuvo. Lo volverá a estar, pero ahora es el presidente de un histórico club de fútbol de Primera División y alcalde de una de las ciudades más grandes de la Costa del Sol, por mayoría absoluta. Mayoría absoluta. No es un detalle de poca importancia. No es que simplemente haya ganado unas elecciones: lo han elegido por un margen que no deja lugar a dudas, lo han legitimado de forma tan contundente que ya ni siquiera tiene sentido preguntarse cómo ha sido posible.

A principios de los setenta pasó año y medio en prisión, aunque debería haber cumplido cinco. La condena decía cinco, la ley decía cinco, la decencia, si es que en algún momento entró en la ecuación, habría dicho diez. Pero fue uno y medio. Quiso pagar trescientas mil pesetas por cada una de las cincuenta y ocho personas que murieron por su culpa, como quien hace cuentas con un notario antes de cerrar un trato, como si cada vida pudiera reducirse a una cifra concreta en un balance de pérdidas y ganancias. Trescientas mil pesetas por cabeza.

Dos décadas después está allí, aquí, al otro lado de la pantalla, con su cadena de oro y su *jacuzzi*, vendiéndote una fantasía manufacturada que ni siquiera se molesta en parecer creíble. Porque ni siquiera tiene que ser creíble. Porque la credibilidad es irrelevante cuando el mensaje no es «esto es verdad» sino «este es el villano más querido de España», aunque, en realidad, el mensaje es «no dejes de mirar». Y tú, claro, sigues mirando.

PRIMERA PARTE

217 millones de camisetas básicas

«La riada nos cogió paseando a los perros». De todas las frases pronunciadas en los días posteriores a la DANA de Valencia de 2024, es probable que esta sea la más escalofriante. La escribió (la pronunció) una chica de Paiporta en su cuenta de Twitter, aunque, técnicamente, la red social ya se llamaba X. Y la frase es escalofriante no solo por la imagen directa del desastre –que también–, sino por lo que implica a un nivel conceptual, casi filosófico, sobre la forma en que la gente sigue adelante con sus vidas mientras el desastre ya ha comenzado a desplegarse.

Paseando a los perros. Es decir, una de las actividades más rutinarias, más básicas, más inocuas y previsibles del día a día. Paseando a los perros, yendo al supermercado, viendo una película no demasiado buena en un centro comercial, paseando por la sección de iluminación de IKEA y preguntándose si el aplique de pared MÅNALG encajará en el cabecero de la cama. Vida normal. Y el problema con la vida normal es que nadie tiene una buena definición de lo que realmente significa hasta que desaparece. Hasta que de repente te das cuenta de que lo que dabas por hecho –el pavimento seco, las calles transitables, la certeza de que lo que está abajo seguirá abajo y lo que está arriba seguirá arriba– era en realidad un precario equilibrio sostenido por fuerzas que nunca llegaste a considerar. La normalidad es el zumbido de fondo del mundo cuando todo va bien. El sonido de la radio en un coche detenido en un semáforo, la vibración leve del móvil al recibir una notificación irrelevante, el pitido de una tarjeta *contactless* al pagar una compra.

Porque cuando la riada llegó a l'Horta Sud, cuando entró en las calles y se llevó consigo todo lo que no estaba clavado al suelo (y algunas cosas que sí lo estaban), cuando convirtió las rotondas en estanques, los pasos de cebra en corrientes imparables y las travesías en cementerios de coches, cuando se llevó la vida de 227 personas, la gente todavía estaba haciendo vida normal. Porque todavía existía la vida normal. Porque el mundo todavía era normal. O, mejor dicho, porque aún no se había comprendido que el mundo ya había dejado de serlo. No nos habíamos dado cuenta de que los desastres tienen un componente de *spoiler* existencial: nunca ocurren en el momento en que empiezan a ocurrir. Se vive dentro de la catástrofe antes de ser consciente de que se ha entrado en ella. En el interior de la provincia, las lluvias llevaban superando máximos históricos desde las siete o las ocho de la mañana, así que el agua hacía ya horas que se desbordaba hacia el este por los campos, los caminos, los cauces y los barrancos. Sin nada que pudiera detenerla.

Pero a las 16.00 del 29 de octubre, en Catarroja los bares estaban abiertos. En el IKEA de Alfafar las parejas discutían medio perdidas dentro de su laberinto, siguiendo el rastro de flechas pintadas en el suelo como si realmente llevaran a algún sitio. En el centro comercial Bonaire de Aldaia, la gente empujaba carros de supermercado sin pensar en la línea invisible que separa la previsión de la catástrofe. Todo seguía ocurriendo. La normalidad seguía en marcha. Seguía funcionando con la precisión de un microscopio electrónico, con todas sus pequeñas transacciones y gestos insignificantes: alguien compró una piña fuera de temporada en el Alcampo; alguien hojeó el último libro recomendado por Babelia en la FNAC; alguien se probó una camiseta básica en Zara, quizá negra, o a rayas, o de ese marrón al que preferimos llamar «color óxido», mirándose en el espejo y juzgando la caída de la tela con la despreocupación de quien cree que el mundo sigue igual que hace cinco minutos.

+ + +

En 2024, el grupo Inditex, la casa madre de Zara, obtuvo unos beneficios netos de 5.866 millones de euros. En 2013 –fecha en que la palabra *selfie* fue coronada como vocablo del año por el *Oxford English Dictionary*, mientras los algoritmos de Instagram aprendían a monetizar cada parpadeo de nuestros pulgares– anunció una cifra de 2.377 millones. Menos de la mitad de lo que lograría once años después pero, aun así, una cantidad que, traducida a términos terrenales, equivaldría a comprar 217 millones de camisetas básicas (tallas XS a XXL, en colores negro, óxido o a rayas) que, si doblásemos y apilásemos cuidadosamente repartidas por la superficie promedio de una tienda de Zara, formarían una torre de 383 metros de altura. Dos más que el Empire State Building. Un rascacielos de tela mucho más ligero que los de Manhattan y también, en cierto modo, mucho más endeble.

A finales de los setenta el filósofo, inventor y arquitecto visionario Richard Buckminster Fuller –y aquí la palabra «visionario» sí tiene sentido, no como cuando aparece en el tráiler de una película de robots antropomorfos convertibles en vehículos– le preguntó a Norman Foster cuánto pesaba el recién inaugurado Sainsbury Centre for Visual Arts, cuyo autor era el propio lord Foster, aunque en esa época aún no era lord y ni siquiera era sir. Esta pregunta, que trasladaba la preocupación medioambiental que siempre había estado en la espina dorsal del pensamiento de Fuller, se convirtió en casi una obsesión para Foster. No solo investigó para obtener una respuesta –5.619 toneladas–, sino que el peso de sus edificios, de *los* edificios, llegaría a ser una de las partes más importantes, seguramente la más importante, de su proceso proyectual.

Y tenía razón. Tiene razón. Despojadas de todo lo que convierte a una construcción en arquitectura –es decir, de su función, su intención, su forma, su lenguaje, su ética incluso–, lo que queda es una suma de materiales y fuerzas. Y entre todas esas fuerzas, el peso de una obra es capital. No como símbolo, sino como dato físico y fatal. El peso no es una categoría ornamental, ni una cualidad que se percibe desde la lejanía en una fotografía al atardecer, ni algo que un arquitecto escoja por capricho, como quien elige entre dos tonos de piedra artificial. El peso es lo que decide si un edificio permanece o colapsa. Es una de las pocas verdades inapelables en un oficio lleno de ficciones bellas.

De hecho, el peso –o, mejor dicho, la distribución consciente y calibrada del peso– es una de las condiciones esenciales para que una construcción pueda siquiera aspirar a ser arquitectura. Porque la arquitectura no consiste en levantar muros o techos o encerrar espacios con tabiques. Eso puede hacerlo cualquiera con suficientes ladrillos y cemento. La arquitectura comienza cuando alguien, en algún momento, se hace la pregunta que resume todo el oficio: «¿Cómo se sostiene esto?». Esa pregunta, que parece técnica, es también metafísica. Porque no se refiere únicamente a la carga, sino también a la idea de permanencia. A la relación entre materia y gravedad. A la noción de que todo lo que se eleva tiene que aprender a sostenerse o caerá.

El peso es lo que determina la estabilidad de un edificio. Lo que hace que una viga tenga la sección exacta para no combarse; que una losa no ceda en su punto medio; que un pilar tenga la dimensión precisa, la cantidad de hormigón o de acero precisa, la posición precisa sin la cual todo lo que está encima de él –es decir, todo el edificio– se convierte en una amenaza. Un pilar demasiado delgado no es un error, es una sentencia aplazada. Una losa sobrecargada no es una irregularidad, es un crimen diferido en el tiempo.

En ese sentido, el peso no solo es una variable estructural; es un principio ético. Un edificio que desconoce su propio peso es, literalmente, un peligro. Como un animal que no sabe qué fuerza aplica al moverse. De ahí que los buenos arquitectos hablen del equilibrio no como metáfora, sino como condición de existencia. Cada muro carga algo. Cada pilar resiste. Y si alguna parte de ese sistema miente –si finge soportar lo que no puede, si esconde grietas, si tolera sobrecargas por presión del cliente o del presupuesto–, el edificio entero se vuelve una forma de engaño. Una mentira que finge equilibrio.

Porque el peso no perdona. No negocia. No se disuelve con discursos ni se pospone con sobornos. Puede ignorarse durante un tiempo, incluso durante años. Pero llega un momento en que el cálculo y la gravedad se encuentran. Y entonces lo que colapsa no es solo una estructura, es la ficción de que podía sostenerse así.

Entonces, ¿qué significa en realidad apilar 217 millones de camisetas? ¿Quién puede siquiera imaginar esa torre textil que se yergue dos metros por encima del pináculo *art déco* del Empire State Building, ese icono que King Kong escaló aferrando a Fay Wray como un niño caprichoso con su peluche favorito? Y lo importante: ¿cuánto pesa una camiseta básica? ¿Ciento cincuenta gramos? ¿Doscientos gramos, si es de algodón grueso? Estaríamos hablando de más de cuarenta mil toneladas de tela. ¿Cómo se sujetan cuarenta mil toneladas de tela? ¿Cómo se sujetan cuarenta mil toneladas de promesas cosidas a máquina en polígonos industriales de Bangladés, Marruecos, Turquía, Camboya? ¿Cómo se sujetan cuarenta mil toneladas de hilos que atraviesan océanos y desiertos y ciudades atascadas en tráfico y microcréditos y códigos de barras?

Las cifras –sobre todo cuando alcanzan esa masa crítica en la que los ceros dejan de representar cosas y empiezan a funcionar como niebla– tienen una cualidad anestésica. Pasa con el peso de los edificios y con las distancias siderales, pero es algo que sucede de forma muy explícita con las cifras económicas. Como si el número mismo, al crecer, fuese desprendiéndose de toda fricción con la experiencia humana. Uno no puede «imaginar» dos mil trescientos setenta y siete millones de euros del mismo modo que no puede «imaginar» el número exacto de latidos que da un corazón durante una vida. Se puede calcular, sí, y hasta citarlo en una charla de sobremesa como quien lanza un dato curioso (¿sabías que el corazón humano late unas 2.500 millones de veces si uno llega a los ochenta años?), pero hay algo en esa escala que nos exilia automáticamente de cualquier posibilidad de empatía. Lo cual es paradójico, porque esa misma cifra abstracta –2.377 millones, los beneficios de Inditex en 2013– sí tiene efectos muy concretos en la vida de muchísimas personas, de miles de personas, a veces de decenas de miles. Pero esos efectos suelen producirse muy lejos, en coordenadas que no aparecen en Google Maps a menos que uno las escriba con toda su precisión desesperada: *Upazila de Savar, Distrito de Daca, Bangladés.*

Rana Plaza. El nombre –ya un icono fúnebre para quienes se han detenido lo suficiente en las hemerotecas como para recordarlo– suena más a resort turístico que a matadero vertical. Pero es lo que fue. El 24 de abril de 2013, de ese mismo 2013, el edificio Rana Plaza colapsó.

+ + +

En fotografías tomadas antes del derrumbe, el Rana Plaza tiene esa estética tan característica de lo que podríamos llamar «feísmo estructural globalizado». Una estructura que no nace del diseño, sino de la acumulación. Es decir: más que ser *diseñado*, fue *superpuesto*. Una planta encima de otra, como quien apila muebles en un trastero. O como si alguien jugara al Tetris con bloques de hormigón y ladrillo sin esperar que la gravedad o el tiempo pasaran factura. En la imagen, capturada desde el asiento de un coche, con el reflejo borroso del parabrisas en primer plano (una capa visual que introduce un filtro casi cinematográfico, como si la realidad ya llegase deformada, mediada, empañada), el edificio se presenta en toda su desidia.

Ocho pisos. Aunque, según los planos originales y las normativas urbanas, solo cuatro deberían estar ahí. Los cuatro adicionales –las plantas *ilegales*– no se distinguen a simple vista, pero si uno se fija en el ritmo desigual de las ventanas, en las variaciones mínimas en el tono del cemento, en esa antena que sobresale como una lanza improvisada hacia el cielo, puede percibir que hay algo *fuera de sitio*. Como si el edificio, ya desde su concepción, estuviera ejerciendo una violencia contra sí mismo. La planta baja tiene esa cualidad genérica de los comercios informales del sur global: rótulos descoloridos, carteles de colores contradictorios, letras bengalíes superpuestas con tipografías en inglés de supermercado de los noventa. Hay tiendas, oficinas, tal vez un cibercafé. Un toldo rayado, amarillento, se despliega como una lengua muerta sobre el escaparate de algún pequeño negocio, y todo está cruzado –literalmente atravesado– por una maraña de cables eléctricos que cuelgan en paralelo al horizonte como venas de un organismo exhausto.

La parte media del edificio tiene ventanales oscuros, pero no espejados; solo lo suficiente como para que el interior sea una conjetura. Uno imagina máquinas de coser, filas de mujeres con los ojos hundidos en la costura, ventiladores de techo que giran con un zumbido hipnótico. Pero eso es una suposición: la imagen no muestra nada de eso. Lo que sí muestra es una textura, una superficie sucia y gastada, con manchas de humedad que suben desde el suelo como si el edificio llorara por las plantas. Y aunque no hay señales visibles de peligro inminente –ni grietas espectaculares ni andamios temblorosos–, algo en la composición general transmite una fragilidad esencial. Algo que, si uno mira con detenimiento, parece pedir ayuda.

Pero no es una ruina. A pesar de su evidente precariedad, *hay vida*. Coches y camionetas avanzan por la calle. Hay tráfico, hay gente caminando, hay negocios abiertos. No parece una zona periférica o marginal. No hay ese silencio premonitorio del abandono. El edificio, aunque ilegítimo desde el punto de vista legal, formaba parte funcional de la ciudad. Era un nodo más dentro del tejido urbano. Un nodo lleno de errores, sí, pero activo. Habitado. Productivo. El Rana Plaza no era una excepción, era parte del sistema. De *todo* el sistema.

Tal vez eso sea lo más inquietante. Que el edificio, en su fealdad no planificada, en su estructura Frankenstein de hormigón, ladrillo y abuso institucionalizado, no se diferenciaba tanto de otros miles de edificios repartidos por el sudeste asiático. Ni siquiera parecía particularmente más feo o más inseguro que otros. Lo único que lo separaba del anonimato es que a las 8.57 del 24 de abril de 2013, ese mismo 2013 en que Inditex anunció beneficios por 2.377 millones de euros, colapsó. Y el derrumbe atrapó a más de tres mil personas entre escombros, maquinaria industrial, vigas de hormigón y montones de ropa recién cosida con etiquetas que, en muchos casos, llevaban impresos nombres que cualquier comprador europeo reconocería de inmediato: Benetton, Mango, Primark y, sí, también Zara.

+ + +

Mientras el Rana Plaza se desmoronaba lentamente por dentro –incluso antes de que lo hiciera de forma súbita y total–, en otra parte de Daca, a apenas quince kilómetros en línea recta, se alzaba, imperturbable, una de las obras arquitectónicas más ambiciosas y reverenciadas del siglo XX: el Jatiya Sangsad Bhaban, la Asamblea Nacional de Bangladés. Diseñada por Louis I. Kahn, demiurgo trágico de la arquitectura moderna cuya obsesión con la luz y el tiempo terminó consumiéndolo, el edificio parece pertenecer a otro universo, no solo por su escala monumental, sino por la especie de severa belleza con la que impone su presencia sobre el paisaje.

Al contrario que el Rana Plaza, la Asamblea se ha fotografiado miles de veces. La imagen más famosa, tomada seguramente en el crepúsculo –ese momento de máxima ambigüedad lumínica, cuando el cielo no sabe si anunciar el día o rendirse a la noche–, el edificio flota sobre una lámina de agua calma que duplica su volumen en un espejo casi perfecto. Sus formas geométricas (círculos, triángulos, cuadrados) están talladas con una precisión que bordea lo esotérico: no parecen ventanas ni aperturas, sino signos. Caracteres de un alfabeto que solo entienden los arquitectos muertos o los dioses aburridos. Es un edificio bellísimo, pero también es un templo a una geometría devocional del poder, a la racionalidad como forma de dominio. Kahn diseñó su edificio con una fe casi religiosa en la pureza de las formas. Le fascinaba la luz, pero más le fascinaba el vacío. Quería que los edificios hablaran, que se comunicaran entre sí, que mantuvieran una especie de conversación platónica sobre la permanencia. Sobre lo inmortal.

Hay algo revelador y casi obsceno en el hecho de que ambos edificios compartan una ciudad, un clima, una historia nacional. Que coexistan dentro del mismo marco geográfico dos estructuras tan radicalmente opuestas: una construida para perdurar, la otra para colapsar. Una como símbolo de unidad y soberanía, la otra como síntoma de fragmentación y explotación. La Asamblea Nacional es arquitectura como promesa. El Rana Plaza era arquitectura como trampa.

No se trata de establecer una jerarquía estética entre lo sublime y lo ruinoso, y tampoco de convertir al Rana Plaza en el negativo absoluto del ideal de Kahn. Pero sí de constatar que la arquitectura, incluso cuando se disfraza de geometría pura o de ingeniería sin ideología, habla. Dice cosas. Y a veces grita. La Asamblea Nacional dice: «El pueblo importa»; el Rana Plaza dice: «El pueblo es prescindible». No porque sus muros lo hayan querido, sino porque los sistemas que los hicieron posibles –o necesarios– les asignaron roles distintos en la narrativa económica de un país poscolonial y precarizado. Uno es escenario de ceremonias oficiales, el otro fue fosa común.

La contradicción resulta aún más dolorosa si se considera que ambos edificios, en un plano técnico, están hechos del mismo material: hormigón visto. Piedra líquida razonablemente viscosa que se vierte en moldes como lava domesticada y que, una vez seca, simula eternidad. Pero el mismo material que pudo formar los cilindros líricos e imponentes del Parlamento bangladesí también moldeó las vigas defectuosas, los forjados improvisados, las columnas flacas del Rana Plaza. La diferencia está en los planos, pero también en la ética; en los permisos, en las inspecciones; en el dinero; en el tiempo dedicado a cada mezcla. El hormigón no tiene culpa, solo hace lo que se le ordena.

El Rana Plaza no colapsó como colapsan los edificios en las películas de catástrofes, con una explosión coreografiada y columnas que se pliegan hacia dentro como si alguien hubiese detonado una carga de demolición controlada. Se desplomó como un sistema que finge estabilidad hasta el último segundo. Un cuerpo enfermo que ha aprendido a convivir con el dolor hasta que, de pronto, ya no puede levantarse.

En términos estrictamente estructurales, el derrumbe fue el resultado de una combinación de errores de diseño, materiales de baja calidad, violaciones sistemáticas del código de edificación y una carga –un peso– que excedía con creces la capacidad de soporte del edificio. Pero cada uno de esos factores, analizado de forma aislada, no basta para explicar lo que ocurrió. Es su interacción, su superposición silenciosa, lo que convierte al Rana

Plaza no solo en una catástrofe, sino en un síntoma. Para empezar, el edificio no fue concebido para albergar fábricas. Según los planos iniciales, debía ser un centro comercial con oficinas. Es decir, espacios con una carga dinámica y estática muy inferior a la de una planta industrial. El peso de cientos de máquinas de coser, los motores, las mesas de corte, los generadores eléctricos, los rollos de tela y la densidad misma de trabajadores por metro cuadrado –muchos más de los que cualquier normativa razonable permitiría– transformaron lo que debía ser un bloque funcional de oficinas en una bomba de tiempo estructural.

El hormigón utilizado, según se sabría después, era de mala calidad; las varillas de acero estaban mal colocadas o directamente ausentes en algunos soportes; además, la cimentación original no había sido calculada para soportar ocho plantas. De hecho, ni siquiera cuatro: el edificio se levantó en un terreno de origen pantanoso que requería un tipo de zapata profunda o pilotaje que nunca se implementó. Como construir un castillo de ladrillos sobre una esponja que no se ha secado del todo. Pero lo más grotesco –desde todos los puntos de vista– es que en las plantas inferiores del edificio había tiendas y sucursales bancarias que, a diferencia de las fábricas textiles, sí fueron evacuadas el día anterior al colapso. Porque ya había grietas visibles. Grietas del tamaño de un dedo que cruzaban paredes como venas varicosas. Grietas que hacían ruido. Literalmente.

Algunas máquinas fueron detenidas por precaución. Los empleados del banco salieron. Cerraron con llave. Las tiendas bajaron la persiana. Sin embargo, a las costureras se les ordenó volver. A las costureras. A las cortadoras. A las empaquetadoras. Uso el femenino porque quienes trabajaban en las fábricas textiles eran, en su mayor parte, mujeres jóvenes. Les dijeron que no pasaba nada, que el edificio estaba bien, que regresaran al trabajo. Y regresaron. Tal vez por confianza en quienes les habían dado la orden. Tal vez por temor a represalias laborales si no la cumplían. Pero ¿quién da esa orden? ¿Quién la ejecuta? ¿Quién la redacta? No siempre es una persona. A veces es simplemente la lógica misma de la producción: el pánico de perder un pedido, la ansiedad por cumplir una fecha de entrega internacional, la presión de una marca que espera veinte mil camisetas para el viernes.

El colapso comenzó en el centro, donde los pilares estaban sometidos a mayor presión. Fue una reacción en cadena: al ceder uno, la carga que soportaba se distribuyó bruscamente sobre los demás. En menos de noventa segundos, todo el edificio se derrumbó en vertical. Sin avisos, sin tiempo de escapar. Una implosión por saturación. Como si, después de años soportando su mentira estructural, el Rana Plaza hubiera decidido hundirse sobre sí mismo. Murieron más de 1.100 personas. Algunas fuentes hablan de 1.132, otras de 1.134. La diferencia, en cierto sentido, importa y no importa. Cada una de esas dos, tres, cinco víctimas extra son vidas con nombre, familia, almuerzo pendiente y seguramente algún mensaje sin responder en su viejo Nokia. Pero el número en conjunto se impone por su brutalidad, por esa lógica mediática que solo activa las alarmas cuando una catástrofe supera una cifra umbral de víctimas. En Occidente puede ser cincuenta o cien; en el sudeste asiático es mil. Hasta entonces, solo es una noticia internacional menor. O peor aún, una estadística laboral.

Hubo una mujer que sobrevivió diecisiete días bajo los escombros del Rana Plaza. Se llamaba Reshma Begum. Tenía diecinueve años, trabajaba en una de las plantas superiores y, cuando el edificio se vino abajo, su mundo se redujo a un triángulo de aire del tamaño de una bañera rota. No era una burbuja de rescate, ni una cámara especialmente favorable. Era, más bien, una casualidad espacial: una grieta en el caos. Un error que, por una vez, fue milagroso.

Diecisiete días. La cifra vuelve a ser niebla. Cuatrocientas ocho horas. Veinticuatro mil cuatrocientos ochenta minutos. No en una celda, no en un refugio. En un hueco oscuro, aplastado, cargado de polvo de cemento, cadáveres en descomposición, hambre, calor, alucinación. Reshma, según contaría más tarde, sobrevivió porque encontró algo de agua. Probablemente de una cañería rota. También comió lo que pudo. Galletas y arroz seco del desayuno que había comprado de camino porque llegaba tarde al trabajo –una casualidad providencial–. Cuando se le acabó, comió de lo que encontró en las mochilas de sus compañeros muertos. Comió junto a los muertos. Bebió sobre los muertos. No hay palabra elegante para describir eso. No hay metáfora que lo suavice sin traicionarlo.

Los rescatistas la encontraron al oír un sonido. No un grito de auxilio, ni siquiera una mínima voz articulada. Era un golpeteo. Solo un golpeteo, un gesto, una afirmación del cuerpo: sigo aquí. A veces me pregunto si las prendas que llevaban quienes la rescataron –chalecos reflectantes, camisetas manchadas de polvo y sudor– habían sido fabricadas en ese mismo país. Si levantaban un brazo para apartar cascotes usando un guante que la propia Reshma había cosido por treinta céntimos la hora. La desenterraron con extremo cuidado, porque bastaba un movimiento mal calculado para que todo se viniera abajo una vez más. Cuando la sacaron de entre los escombros parecía intacta. Ni una gota de sangre. El pelo mal trasquilado por la maniobra del rescate, pero negro y brillante. Los ojos abiertos.

La fotografía de Reshma Begum dio la vuelta al mundo, pero no fue la imagen de la catástrofe, porque el edificio no se construyó solo. Los edificios no se construyen solos. Alguien los diseña, aunque casi nadie recuerde al arquitecto del Rana Plaza, un hombre llamado Masud Reza, quien, tras el desastre, declaró que estaba proyectado para albergar solo tiendas y oficinas, no fábricas. Pero también hay alguien que financia la construcción de los edificios, alguien que los autoriza (o no), y siempre –siempre– hay alguien que se presenta en los papeles como «promotor» o «desarrollador» o, en el lenguaje más crudo del negocio, como el que manda. Y si aquí hubo una figura que encarnara toda esa concatenación de negligencias, corrupción y codicia, ese fue Mohamed Sohel Rana.

Su historia parece escrita por algún guionista que hubiera leído demasiado a Tom Wolfe y decidido ambientar una tragicomedia moral en los márgenes industriales de Daca. Hijo de un político local –la clase de político de base que puede conseguir que una línea eléctrica se desvíe o que una planta más no se registre–, Sohel Rana era, en esencia, un (otro) producto del sistema. Un joven empresario que supo aprovechar la porosidad institucional de Bangladés para construirse un pequeño imperio inmobiliario donde lo ilegal y lo funcional convivían sin fricciones aparentes. La fotografía de su arresto –tomada días después del colapso, cuando ya el número de muertos superaba por mucho el millar y la indignación nacional

hervía en los noticieros– muestra a un hombre empapado en sudor, desencajado, sostenido por cuatro agentes armados que, curiosamente, no parecen
demasiado tensos. Es una escena casi performáti-
ca: el cuerpo de Rana, con una camisa de estampado hortera y los ojos entrecerrados, parece ya
derrotado, como si supiera que está interpretando
el último acto de una obra en la que hasta entonces
había sido protagonista oculto. No hay violencia
visible, pero sí una atmósfera de clausura. Como si
todo, por fin, estuviera cerrando: las puertas, las
preguntas, las versiones.

Antes de esa imagen hubo una fuga. No una
fuga sofisticada ni cinematográfica, sino algo más
patético, más acorde con la sordidez de los hechos: Rana intentó huir a la India. Se refugió en el
oeste del país, cerca de la frontera, con la esperanza de pasar desapercibido. No funcionó. Las autoridades lo capturaron en Benapole, un cruce fron-
terizo que en días normales sirve para el trasiego
de mercancías, contrabando menor y migrantes
que van y vienen como si la línea divisoria entre
dos Estados fuera una sugerencia topográfica más
que un límite político. Cuando lo arrestaron, Rana
no llevaba documentación oficial. Según algunas
versiones, se había afeitado la barba; según otras,
simplemente se escondía en la casa de un amigo
con nombre falso. Nada de eso importa demasiado: lo que importa es que lo atraparon. Y enton-

ces, como ocurre casi siempre con los rostros de la ignominia, su figura se volvió ubicua: aparecía en los periódicos, en los noticieros, en los perfiles de las ONG. Se convirtió en el «culpable visible», el chivo expiatorio perfecto. Y aunque la cadena de responsabilidades era muchísimo más larga –incluía a inspectores municipales, funcionarios corruptos, ejecutivos de marcas occidentales que preferían no hacer demasiadas preguntas sobre el origen de sus productos–, Rana fue el nombre que quedó. Como si con su detención pudiera cerrarse simbólicamente el caso.

Hay algo perturbador en esa facilidad con que se personalizan las tragedias sistémicas. Porque cuando la culpa tiene nombre propio, el sistema respira. Se limpia la sangre de las manos y dice: «Fue él». Lo entrega, lo exhibe, lo encarcela (o no) y continúa funcionando, tal vez un poco más silencioso, pero intacto. A consecuencia del colapso del Rana Plaza, las marcas internacionales, las tiendas y los sindicatos firmaron el Acuerdo de Bangladés, cuyo propósito teórico es garantizar el bienestar y la seguridad de los trabajadores de la industria textil bangladesí, y Sohel Rana, sus padres y otras 38 personas fueron encausadas, sí, pero la economía que los produjo –a él, a sus padres, a los otros procesados, al edificio– sigue operando con los mismos engranajes básicos. Las fábricas no han desaparecido. Las costureras siguen cosiendo. Las camisetas siguen costando 9,95 o 10,95 o 13,95 euros y siguen renovándose cada pocas semanas en los estantes y las perchas de las tiendas de los centros comerciales del norte global. Las etiquetas siguen diciendo «Made in Bangladesh».

SEGUNDA PARTE

Hipnosis

En 1956 nació el primer centro comercial moderno: el Southdale Center, en Edina, Minnesota. Digo «nació» porque, aunque en la historia ya habían existido mercados y galerías comerciales –basta pensar en los bazares otomanos o en los pasajes parisinos y milaneses del siglo XIX–, esto era realmente nuevo. Y cambió el mundo. No solo por su arquitectura cerrada y climatizada, ni por su estética futurista de lámparas colgantes a distintas alturas y escaleras mecánicas que parecían recién salidas de una novela de Ray Bradbury, sino porque inauguraba una idea del espacio urbano que ya no era exactamente urbano, ni exactamente espacio.

Para entender por qué el Southdale Center marcó una inflexión, hay que dar un rodeo por el trauma compartido de la Segunda Guerra Mundial y sus consecuencias demográficas. En los años siguientes al conflicto, millones de jóvenes estadounidenses volvieron del frente, se casaron, tuvieron hijos –muchos hijos– y buscaron una vida sin miedo ni carencias. Una vida que no se deshiciera a cada rato. Así nació el suburbio moderno: una constelación de viviendas unifamiliares, con garaje, jardín delantero y seto recortado. No en las ciudades, sino lejos de ellas. Rodeadas, eso sí, de otras viviendas idénticas. Una repetición horizontal que se extendía como una mancha de aceite sobre el territorio, borrando matices, densidades e imprevistos. El hogar se convirtió en una burbuja y la burbuja necesitaba aislamiento. Y coche. Porque, claro, para salir del suburbio había que conducir: para ir a trabajar y para llevar a los niños al colegio, para comprar, para ir al cine. No había otra. La cultura del automóvil se consolidó como un modo de vida, y ese modo de vida trajo consigo una consecuencia socioeconómica imprevista y casi paradójica: al vaciar las ciudades de su clase media blanca y trasladarla a esas nuevas urbanizaciones, el centro urbano quedó, en muchos casos, sumido en la pobreza y el abandono. Lo que antes era el corazón palpitante de la vida social se convirtió en un escenario peligroso, como bien sabían los Jets y los Sharks de *West Side Story* o las bandas de *The Warriors*, que se abrían paso a machetazos y patines por una Nueva York selvática.

Victor Gruen, un arquitecto vienés emigrado a Estados Unidos, observó todo esto con preocupación y, desde su experiencia en arquitectura comercial, ideó una solución: si el suburbio no tenía vida pública, habría que inventársela. Crear un lugar cerrado, controlado, con buena iluminación, temperatura constante y todo lo necesario para la vida no doméstica: tiendas y restaurantes, cines, bancos y hasta zonas de paseo cubiertas que en realidad no son para pasear sino para conectar todo lo demás. Un simulacro amable del espacio urbano. Un centro, pero sin ciudad y, sobre todo, sin peligros.

El Southdale Center nació con esa promesa. Aunque la idea original de Gruen incluía viviendas y oficinas, guarderías o bibliotecas –un microcosmos completo, una ciudad bajo techo–, los promotores decidieron recortar todo lo que no produjera beneficios directos. Lo que quedó fue lo que hoy conocemos: un templo del consumo, pero con escaleras mecánicas y fuentes ornamentales. Y funcionó. Funcionó tan bien que en apenas una década los centros comerciales se multiplicaron por todo Estados Unidos como clones de una utopía domesticada, y luego dieron el salto al resto del mundo, donde fueron recibidos como epítomes de la modernidad.

Es muy curioso –muy elocuente– que todo lo que define al centro comercial suceda en el interior. No hay ventanas. No hay exterior. La luz es artificial, los olores están calibrados, la temperatura es idéntica en agosto y en diciembre. Se entra en coche y se sale –con suerte– con bolsas. Pero entre una cosa y otra hay una disolución extraña del tiempo y del propósito. Uno entra sabiendo que va a comprar una camiseta y sale con un helado, dos libros, un paraguas y sin recordar dónde dejó el coche. A este fenómeno, los sociólogos le han puesto nombre: el «efecto Gruen», o, más técnicamente, «transferencia Gruen», ese instante en el que el diseño logra desorientarte lo justo para que pierdas de vista tus intenciones originales. Una especie de hipnosis suave y perfumada, con hilo musical, que convierte al comprador en habitante temporal de un mundo sin relojes.

El centro comercial Bonaire, en Aldaia, no es exactamente una caja cerrada como lo fue el Southdale Center de Edina y sus innumerables réplicas posteriores. Inaugurado en el año 2000, en plena euforia global del consumismo climatizado, su diseño incorpora una plaza exterior de acceso, algunos patios y hasta zonas con vegetación ornamental y bancos de madera pensados para ofrecer la ilusión de que allí ocurre «vida pública». Como si el clima benévolo de Valencia –con sus trescientos días de sol al año– obligara a dejar al menos una rendija abierta en la caja negra del comercio global. Sin embargo, el aire libre no lo convierte en otra cosa. Al contrario: esas zonas abiertas funcionan como escenografías. Son recreaciones superficiales, bajo el cielo real, de lo que podría ser una calle peatonal, una rambla o un bulevar, pero sin conflictos, sin imprevistos, sin manteros ni huelgas ni vecinos ni perros. Y lo más importante: sin conexión con nada que no sea el propio centro comercial. Porque Bonaire, como todos los demás, está aislado del mundo. Rodeado por una muralla de asfalto, por una colosal playa de aparcamiento que, además, se extiende bajo tierra en dos plantas subterráneas. Un no-lugar funcional.

Ese no-lugar, durante unos días, se volvió escenario. En las jornadas posteriores a la DANA de 2024, el aparcamiento subterráneo de Bonaire –2.700 plazas, techos bajos y fluorescentes tartamudos, columnas pintadas con franjas de colores chillones– se transformó en una especie de campo de batalla mediático y morboso. Las imágenes de coches completamente sumergidos empezaron a circular junto con audios de WhatsApp, vídeos de TikTok con filtros apocalípticos y capturas de pantalla de mensajes sin firmar que aseguraban que ahí abajo había cuerpos. Muchos cuerpos. Demasiados. Algunas de esas imágenes, como se descubriría después, ni siquiera pertenecían a Bonaire. Venían de otras riadas, de otros años, de otros países. Pero eso no importaba. Las imágenes funcionaban como prueba emocional, no como evidencia. Bastaba con que se parecieran. Bastaba con que activaran algo. Y como ocurre siempre en las catástrofes, los rumores avanzaban más rápido que las cifras verificadas. Se hablaba de familias enteras atrapadas, de personas mayores que no llegaron a salir del coche, de empleados que habían bajado para poner a salvo el suyo antes de que el aparcamiento se inundara del todo. Algunos medios recogían las versiones sin verificar. Otros directamente las amplificaban: reinas del magazín matinal, *youtubers* con micrófono de solapa que se manchaban ellos mismos de barro para simular épica, expertos en lo paranormal, redactores de medios digitales con estéticas de periódico serio y ética de tabloide sensacionalista. Todos querían un titular. Todos querían una cifra. Más de uno quería que ese aparcamiento se hubiese convertido en un cementerio. Así que, cuando finalmente se supo que allí no hubo ninguna víctima, recibieron la noticia con declaraciones que sonaban a alivio, pero no terminaban de disimular cierta decepción.

+ + +

En el número 188 de la carretera metropolitana Seochojungang, en el dong número 3 del distrito de Seocho, en Seúl –una dirección que no dice nada hasta que uno descubre que allí, entre avenidas pulidas y fachadas sin cables, se alza uno de los complejos residenciales más exclusivos de la capital surcoreana–, se hunden al menos cinco plantas subterráneas de aparcamiento, tal vez seis. Los documentos se contradicen, pero da igual: el acceso está controlado por cámaras que lo registran todo y las columnas están pintadas con esa precisión higiénica que solo aparece en los lugares donde se asume que nadie va a estropear nada. Encima, despegando con la soltura vertical de un *render* bien hecho, se alzan las torres Acrovista Apartments. Se cuentan hasta cinco, todas ellas de formas nítidas, con fachada de vidrio azul verdoso y coronadas por volúmenes plateados que, bajo el sol, brillan como si no formaran parte del mismo sistema climático que el resto de la ciudad. Las dos más altas alcanzan los 37 pisos, repartiendo un total de 757 viviendas que casi nunca se anuncian en portales de alquiler porque se sobreentiende que quien puede vivir ahí no necesita buscarlas. Desde cierta distancia, parecen piezas de una maqueta. Y quizá lo sean. Porque todo en Acrovista –las proporciones, los acabados, el orden quirúrgico de las ventanas– da la sensación de haber sido diseñado para una vida sin margen de error.

Pero el 29 de junio de 1995, en ese mismo lugar –ese mismo suelo, esos mismos cimientos ahora pulidos y nivelados– no había torres. No había jardines podados ni vestíbulos con mármol beis custodiados por cámaras de vigilancia con visión nocturna. No había vida de lujo ni vistas al *skyline*. Había cascotes de hormigón, polvo suspendido y sirenas.

El colapso de los grandes almacenes Sampoong no fue una tragedia aislada, sino el punto de ruptura de una arquitectura erigida sobre atajos y omisiones. Sobre una confianza desmedida. El edificio, situado en una de las zonas más prósperas del sur de la ciudad, había sido concebido como un bloque residencial de cuatro plantas. Sin embargo, eso era solo el plano. En algún momento del proceso, el presidente de la división de construcción del Sampoong Group, Lee Joon, decidió que no era suficiente, que se necesitaba algo más rentable. Así que ordenó, desafiando toda lógica estructural y las recomendaciones de sus propios ingenieros, la conversión del edificio en un centro comercial de cinco plantas.

¿Por qué nadie frenó esa decisión? ¿Por qué se aceptó como si fuera un simple trámite administrativo y no una amenaza estructural? La respuesta seguramente no esté en el despacho de un burócrata local, sino en la idiosincrasia del país –y del momento– que la hizo posible. Porque Corea del Sur, en los años noventa, era otra cosa. O, mejor dicho, era ya muchas cosas a la vez, y todas en tensión. Durante las décadas que siguieron a la guerra de Corea, el país se convirtió –con una velocidad que haría palidecer cualquier relato

de redención hollywoodense– en una cristaliza-
ción del crecimiento acelerado. Lo llamaron el
«milagro del río Han», como si el desarrollo económico se hubiera derramado mágicamente desde
las orillas del río que atraviesa Seúl, y las exporta-
ciones, los microchips, los Hyundai y los Samsung
hubieran brotado por generación espontánea entre los escombros de la posguerra. Por supuesto,
no fue un milagro, fue una transformación brutal,
orquestada con disciplina cuasimilitar, sostenida
por jornadas laborales infinitas, sindicatos amor-
dazados y una élite político-empresarial que en-
tendía el desarrollo como un esprint sin pausas ni
rendición.

Corea del Sur pasó de ser una de las naciones
más pobres del planeta a una potencia industrial
y tecnológica en apenas una generación. Y esa
velocidad, que en los informes del FMI sonaba
a proeza, en las calles de Seúl a veces se vivía
como vértigo. La ciudad crecía a lo alto y a lo
ancho al mismo tiempo, con la misma lógica que
el botón «expansión urbana» activado en un vi-
deojuego de simulación. Las grúas formaban
parte del *skyline*. Los barrios desaparecían en
seis meses. Las autopistas se duplicaban mientras los mapas seguían mostrando su versión
anterior. Y en medio de ese crecimiento desbor-
dado, una palabra empezaba a repetirse como
un mantra: desarrollo.

Pero el desarrollo, cuando es demasiado rápido, tiene una forma peculiar de agrietarse. Literalmente. Porque si algo define a la Corea del Sur de los ochenta y los noventa –más allá de su prosperidad tecnológica y su explosión cultural todavía en fase embrionaria– es la sensación de que todo iba muy deprisa. La demanda de centros comerciales, de edificios altos, de sedes bancarias, de residencias de lujo superaba con creces la capacidad de regulación. No porque no existiera normativa, sino porque las normas eran flexibles. O más bien negociables. Especialmente cuando quien construía no era un ciudadano cualquiera, sino uno de los grandes conglomerados empresariales del país: los *chaebol*.

Samsung. Hyundai. LG. Nombres que hoy asociamos con móviles, coches o televisores, pero que en los noventa eran algo más parecido a reinos. Tenían desde bancos y fábricas hasta universidades propias. Como estados dentro del Estado. Y mantenían con el Gobierno una relación simbiótica, ambigua, casi incestuosa, donde lo económico y lo político se alimentaban mutuamente. En ese clima, las prioridades eran claras: crecer, exportar, construir. Lo demás podía resolverse después. O no resolverse en absoluto. No se trataba solo de una ciudad en expansión en un país orgulloso de su milagro económico; era un ecosistema lo suficientemente propicio como para que un par de hombres confiasen en que la gravedad era negociable.

Así, la quinta planta de los almacenes Sampoong se añadió como una simple decisión, como si no pasara nada. Se eliminó una serie de pilares para colocar escaleras mecánicas más grandes, se reconfiguraron espacios, se trasladaron cargas, se impusieron decisiones. Cada uno de esos cambios fue como un pequeño corte sobre la piel de una presa. Nada dramático al principio, pero acumulativo. Para maximizar la superficie comercial, durante la construcción se redujo el diámetro de las columnas previstas de ochenta a sesenta centímetros, una diferencia casi imperceptible a simple vista, pero que en términos de carga significaba miles de kilos de diferencia. Tal vez decenas de miles. Después, ya en funcionamiento, se instalaron en el techo unidades de aire acondicionado de quince toneladas –cada una–, superando con creces el peso admisible. En 1993, para redistribuirlas, se arrastraron sobre la cubierta. El techo se quejó. En los meses previos al desastre, empezaron a aparecer grietas. Primero pequeñas. Luego más grandes. Luego imposibles de ignorar. Los ingenieros advirtieron del riesgo. El consejo de administración convocó una reunión de emergencia cuando el colapso parecía inevitable, pero Lee Joon –el presidente– se negó a evacuar el edificio por miedo a perder ventas.

Perder. Ventas. El 29 de junio las fisuras en la quinta planta medían diez centímetros de ancho. Eran tan evidentes que algunos empleados llegaron a llamar a sus familias antes de empezar el turno.

Primero fue un crujido seco, como si algo muy grande –algo que debería haber sido sólido– empezara a quebrarse. Luego vinieron los sonidos más reconocibles: las sirenas, el pánico, las carreras. Dentro del centro comercial había más de tres mil personas. Clientes que solo querían algo rápido: camisas, relojes, un café; vendedores en sus mostradores, repitiendo frases de cortesía ya automatizadas; limpiadores invisibles entre las columnas. Todos cumpliendo su parte en la coreografía rutinaria del consumo. Entre esa multitud no estaban ni Lee Joon ni su hijo Lee Han-sang, director de los grandes almacenes, ni ninguno de los ejecutivos. Todos ellos habían abandonado el edificio a primera hora de la mañana. Por supuesto.

A las 17.57, el edificio no colapsó, se volatilizó. Tardó menos de veinte segundos en venirse abajo. Un ala entera se convirtió en polvo. Murieron 502 personas. Otras 937 resultaron heridas.

Nadie se plantea lo que significa morir dentro de un centro comercial, porque morir en un centro comercial tiene algo profundamente desconcertante. No por la tragedia de la muerte –un infarto nos puede dar en cualquier sitio, incluso en Parquesur–, sino por el lugar donde ocurre. Porque un centro comercial pretende, desde su propia concepción, ser impermeable a la muerte: un espacio diseñado para la distracción, para la permanencia superficial. Específicamente, para la ilusión de seguridad total. Uno no espera morir donde suena hilo musical y huele a perfume y a comida rápida, donde cada detalle está calculado para que te olvides del tiempo y su inexorabilidad. La arquitectura del consumo está hecha para contener cuerpos vivos, móviles, compradores, no para encerrar cadáveres. Por eso, cuando un centro comercial colapsa, el efecto de desconcierto es doble: se destruye una estructura física, sí, pero también un pacto implícito, ese que nos dice que mientras estemos entre escaparates y escaleras mecánicas nada puede salir mal. Y entonces, cuando se encienden las luces de emergencia, lo que se rompe no es solo el techo, es la ficción entera del confort.

Los almacenes Sampoong no se derrumbaron por un error puntual, sino porque todo en su construcción –desde el rediseño improvisado hasta la reducción de pilares, pasando por la instalación de maquinaria sobredimensionada y el desprecio absoluto por la integridad del sistema– era una invitación al desastre. Dos meses después del colapso, Lee Joon y Lee Han-sang presentaron un memorando conjunto al Ayuntamiento de Seúl. Ofrecían todo su patrimonio como compensación a las familias de las víctimas: cuentas corrientes, edificios y hasta los terrenos donde planeaban construir otros edificios. Quizá no fue una entrega total, sino táctica; un intento de acallar las manifestaciones que se sucedían por las calles de la ciudad. Manifestaciones contra ese ecosistema que había permitido la catástrofe, pero, sobre todo, contra sus responsables directos. Es decir, contra ellos. Probablemente la cosa no funcionó porque, además de procesar por corrupción a dos funcionarios de urbanismo, los Lee –padre e hijo– fueron condenados por negligencia criminal y el Sampoong Group dejó de existir.

En el lugar donde se levantaban los almacenes Sampoong ahora hay una urbanización de lujo. La última, por cierto, que se construyó con un muro que la separase del resto de la ciudad. En su momento hubo un volumen rotundo. Un paralelepípedo de fachada blanca salpicado por paneles azules, tan anodino como imponente, con rebajas colgando de banderolas, tipografías sobrias en coreano y en inglés, marquesinas metálicas y farolas ornamentales, todo acomodado en una extraña destilación, no especialmente conseguida, del ideal occidental de elegancia urbana. No era un edificio bonito, pero sí era un edificio que se sabía importante. Ocupaba casi una manzana entera y exhibía su tamaño como se exhibe un balance financiero: sin pudor, sin poesía.

No sabemos con certeza qué buscaba Lee Joon cuando tomó las decisiones que tomó. Tal vez solo quería lo obvio: dinero, más dinero, más rápido. Tal vez aspiraba a otra cosa: a dejar un nombre, a inscribirse en esa genealogía de magnates surcoreanos que, a fuerza de insistencia y microchips, pasaron de empresarios locales a símbolos nacionales. Quizá creyó que ese edificio podía ser su monumento, su legado. Porque no hay construcción más íntimamente capitalista, más simbólica del crecimiento económico, que el centro comercial: un artefacto urbano donde cada pasillo y cada tienda es una ilusión de progreso y, a la vez, una extensión del balance contable.

Pero lo que Lee Joon construyó en realidad fue una catedral de escombros. Como haría Sohel Rana en 2013. Como una calle de Sedaví después de la DANA, donde los coches –esos mismos coches que llevaban a los niños al colegio, a los adultos al trabajo y a toda la familia a Bonaire– dejaron de ser coches y pasaron a ser otra cosa. Una masa. Un conglomerado amorfo sin puntos cardinales donde los techos se confunden con los capós y los retrovisores con fragmentos de rueda hasta que ya no pertenecen a ningún vehículo en particular, sino que se han convertido en estratos de algo sin un nombre preciso con el que bautizarlo.

TERCERA PARTE

Tierras inundables

En la DANA de 2024 murieron 227 personas. La cifra tardó en consolidarse. Durante los primeros días era apenas un rumor que subía y bajaba con las ruedas de prensa, las actualizaciones de los servicios de emergencia y, más de una vez, con algún vídeo difuso filtrado desde un móvil. Los medios hablaban de «decenas», luego de «más de cien», y durante un tiempo el número osciló como si todavía pudiera corregirse. Pero no se corrigió. Fueron 227. Algunas arrastradas por la corriente en plena calle, sorprendidas al doblar una esquina junto a un barranco o al intentar cruzar, a pie, lo que antes era una acera y ahora era otra cosa. Algunas dentro de sus coches, atrapadas en túneles, en rotondas que nadie pensó que podrían hundirse o en tramos de carretera que, vistos a través del parabrisas, parecían todavía transitables. El agua no avanza como en las películas: no es un muro que se desploma; es una crecida lenta que engaña, que parece manejable hasta que ya no lo es. Cuando llega, no hace especial ruido. Solo sube.

Treinta y cinco personas murieron en aparcamientos subterráneos o en sótanos. Lugares diseñados para guardar cosas. Coches, cajas llenas de trastos, herramientas, botellas de agua, una bicicleta con las ruedas desinfladas. Espacios por lo general silenciosos y poco más que funcionales que de pronto se llenaron de agua con una velocidad incompatible con cualquier lógica. En algunos casos, las víctimas bajaron a mover el vehículo. Puede que también a buscar unas botas de agua o a lo mejor a desconectar la corriente. En otros, simplemente no lograron subir a tiempo. A veces el agua entra antes que la alarma.

Sesenta y ocho personas murieron en la planta baja de su propia casa. En su casa.

Nadie murió en su casa en Valencia capital. No porque las casas fueran mejores, los ciudadanos más previsores o los técnicos más sabios; nadie murió en su casa en Valencia capital porque ninguna casa de Valencia capital se vio afectada. La ciudad estaba protegida. No por milagro ni por azar. Por una obra. Por una infraestructura diseñada para redirigir el agua antes de que pueda convertirse en amenaza: el nuevo cauce del Turia.

El proyecto se presentó en 1957, apenas unos meses después de la riada de ese mismo año que convirtió el centro de Valencia en un barrizal y se llevó ochenta y una vidas. Las imágenes que dejó son –real y metafóricamente– de otro siglo. Puentes militares provisionales instalados por zapadores del ejército, por los que civiles y uniformados cruzaban en fila, caminando sobre una fractura abierta. Mujeres intentando avanzar por la calle Sagunto, hundidas hasta los tobillos en un mar de lodo que había borrado los bordes entre la acera y la calzada. Desde el aire, el viejo cauce del Turia era un río convertido en profecía bíblica. La ciudad diminuta frente a la masa de agua. Fue un trauma fundacional y, como ocurre tantas veces, el trauma dio lugar a una promesa. Nunca más.

Las obras comenzaron en 1964. En 1969, Franco fue a inaugurarlo –como solía– antes de que estuviera realmente terminado. En realidad, no lo estuvo hasta 1973, dieciséis años después de la riada. Dieciséis años de obras que removieron tierras y expropiaron terrenos, desviaron cauces, construyeron canales y viaductos, abrieron pasos, desagües y colectores con la idea de que todo, esta vez, quedaría por fin bajo control. Y funcionó. El agua dejó de pasar por el centro. Valencia se volvió, al menos en apariencia, impermeable.

El antiguo cauce, el que atravesaba la ciudad y que durante siglos fue una línea de agua viva, se ha convertido en un parque largo y discontinuo, con tramos ajardinados y zonas deportivas que los ciclistas cruzan a diario sin pensar en lo que era antes. El lecho seco de un río reconfigurado como espacio público. Como si, una vez desplazado el peligro, la ciudad hubiera aprendido a caminar por encima de él. A domesticarlo. Antes era agua, ahora es un paseo. Allí se levantan, como símbolos, la Ciudad de las Artes y las Ciencias. El Museu de les Ciències, el Palau de les Arts, el Oceanogràfic, una constelación de edificios pensados para mirar y ser mirados. Es difícil no pensar, al recorrer ese parque, que eso es también vivir en la capital: transformar la herida en monumento, hacer del vacío un lugar de prestigio. Mientras tanto, en la periferia, el agua sigue siendo agua. No parque. No icono. No postal. Solo lluvia, a veces inconveniente, a veces convertida en amenaza. La capital, en cambio, es muchas más cosas: piedra histórica, lonjas medievales, palacios barrocos, barrios gentrificados, sedes de instituciones, turismo. Es revelador: el Turia seco convertido en jardín, mientras el otro –el que ya no se ve– sigue fluyendo por un cauce industrial al sur de la ciudad. Esos dos ríos, el simbólico y el técnico, también dividen. No solo el agua.

El año de la riada, la ciudad tenía unos 505.000 habitantes. En 1973 ya eran más de 640.000. En 2024, más de 830.000. Una curva ascendente que no sorprende; lo interesante está en la otra curva, la de los municipios de l'Horta Sud. Porque alrededor de 1960 en esos pueblos vivían unas 160.000 personas. Eran núcleos pequeños. Casas bajas, dispersas, encajadas entre la huerta y el Mediterráneo. Caminos de tierra. Acequias. Una topografía doméstica que conocía el ritmo del agua, que sabía recibirla: cuando llegaba, se quedaba. No molestaba demasiado. A veces incluso venía bien. Los campos lo agradecían como se agradece una visita esperada. Hay estudios geográficos recientes que no hacen más que confirmar lo que ya sabían los agricultores: si había riada, los pueblos seguirían secos. Solo las huertas –espacios intermedios y porosos– se verían afectadas. En 1973, cuando se terminó el nuevo cauce, esos mismos pueblos seguían siendo periferia. Algunos no alcanzaban los diez mil habitantes.

Hoy, en cambio, suman casi medio millón. Más de la mitad de la población de la capital. Y ya no hay huerta. O lo que queda de ella está arrinconado, dividido en parches residuales, como una maqueta abandonada. La mayoría de los campos han sido sustituidos por calles, por edificios, por bulevares y por polígonos industriales que se cruzan en perpendicular sin que nadie recuerde qué había antes.

Ese cambio no fue azaroso. Fue planificado, promovido, incluso celebrado. A partir de los sesenta –como en Corea del Sur tras su guerra, como en todo el mundo durante la segunda mitad del siglo xx– la palabra clave era «desarrollo». Y su versión aplicada al territorio, al hormigón, a la velocidad, fue el desarrollismo. No se trataba solo de crecer, sino de hacerlo deprisa. De urbanizar y conectar. De poblar. De convertir antiguos márgenes agrícolas en suelo urbano sin que el proceso tuviera tiempo de digerirse. A veces ni siquiera de pensarse. El desarrollismo español fue, en gran medida, una operación de ocupación del espacio. Y como toda ocupación, dejó cicatrices. Se construyeron barrios enteros en menos de una década. Se asfaltaron caminos, se trazaron avenidas, se parcelaron solares donde hasta entonces solo había limoneros. La periferia se convirtió en promesa. Una promesa de proximidad y progreso, pero sin los recursos ni la inversión. Es decir, sin la infraestructura equivalente. En un territorio donde las gotas frías no son un recuerdo sino una realidad periódica, una ciudad que se expande sin ensanchar su base hidráulica es una ciudad que abandona su red de protección y su capacidad de respuesta. Es una ciudad que crece por acumulación, no por previsión.

Ahora no hay apenas interrupción entre pueblos. A veces basta con cruzar una calle para pasar de uno a otro. Catarroja, Alfafar, Massanassa,

Sedaví, Benetússer, Paiporta. Todo forma parte de una misma malla continua. Tampoco hay una separación clara con Valencia. Solo el cauce. O, mejor dicho, el vacío del cauce. Un vacío funcional, sin ornamentos, diseñado para desviar el agua antes de que alcance la ciudad. No es un parque, no es un paseo. Es una zanja de hormigón, con taludes inclinados y muros de contención, pensada exclusivamente para contener volúmenes líquidos. Una obra de lógica hidráulica pura, visible solo cuando se busca, que delimita la periferia como una cicatriz no disimulada. Se puede llegar a la capital atravesando uno de sus puentes o sus pasarelas, como si se entrara en otro barrio más. La ciudad y su periferia son ya una misma cosa, una continuidad urbanística apenas interrumpida por el hecho simbólico de haber desplazado el río. Sin embargo, siguen siendo distintas. El centro y el borde. El símbolo y la función. La ciudad que se protege y la ciudad que absorbe el riesgo. Basta mirar las imágenes de la DANA: los coches acumulados en amasijos en las calles de Sedaví, de Picanya, de Benetússer. Coches que no eran de allí. O no solo. Coches que iban y venían cada día desde y hacia Valencia. Porque es allí donde se trabaja, donde se estudia, donde se decide. Y aunque la capital y su periferia ya no se oponen, sino que se necesitan, no se reparten el peligro de la misma manera. Ninguna ciudad lo hace.

El nuevo cauce funcionó. Ha funcionado durante décadas. Pero ha funcionado para la capital. L'Horta Sud, con su población multiplicada por tres, con sus barrios nuevos y sus polígonos, nunca ha tenido una infraestructura equivalente. Se han planteado proyectos, sí –intervenciones en barrancos como el del Poyo, canalizaciones, diques–, pero siempre se han quedado en fase de estudio, en proyectos, en planes no vinculantes o directamente paralizados. Mientras tanto, esa mitad de la metrópolis –porque ya no puede llamarse de otra forma– vive sobre terrenos que fueron huerta, luego suburbio y hoy se llaman ciudad, pero que, en lo esencial, siguen siendo lo que siempre fueron: tierras inundables.

+ + +

La historia europea moderna está surcada de episodios en los que el agua se convierte en punto de ruptura, en evidencia de que el territorio, cuando se transforma deprisa, tiende a olvidar su propia forma. Desde mediados del siglo XX, con la reconstrucción posbélica y el auge de los estados técnicos, los cauces se canalizan, los ríos se doman, los pantanos se llenan. El agua, más que recurso, se vuelve variable de cálculo. Pero no siempre se calcula bien. En ocasiones no es el agua la que se equivoca. Somos nosotros. Somos nosotros quienes decidimos que un valle puede ser embalse, que un error geológico es un problema menor o que una presa, si se construye con precisión, resistirá lo suficiente. Que si llueve demasiado, siempre habrá margen para corregir. A veces incluso decidimos que no merece la pena corregir nada.

+ + +

La madrugada del 1 al 2 de diciembre de 1959, una borrasca intensa se instala sobre el sureste de Francia. Sobre la Costa Azul. No es una de esas lluvias que mojan y se van, tampoco una tromba que provoque riadas. Es continua y persistente. Ensordece los tejados durante horas. El valle del Reyran, un pequeño cauce al norte de la localidad costera –y turística– de Fréjus, comienza a llenarse. La presa de Malpasset, recién llena por primera vez desde su construcción cinco años atrás, se convierte en un inmenso vaso de hormigón bajo presión. El vigilante André Ferro ve cómo el nivel sube con una rapidez que no estaba prevista. A las nueve de la mañana del día 2, pide permiso para abrir las compuertas y aliviar la carga del embalse. La respuesta es no. El motivo de la negativa no es operacional. No es que abrir las esclusas pueda poner en peligro la estructura. No es que se tema una evacuación incontrolable. No. El problema está más abajo. En el curso bajo del río, a pocos kilómetros de allí, se están llevando a cabo las obras de la nueva autopista Esterel–Côte d'Azur, una de las grandes infraestructuras del momento. Y si abren las compuertas, si liberan el torrente acumulado, las obras tendrían que detenerse. Hay maquinaria trabajando en el cauce. Hay obreros. Hay plazos. El agua puede esperar. Pero el cielo no lo hace. A medida que avanza el día, la presa sigue llenándose. A las seis de la tarde, con el agua a solo 28 centímetros del borde, las autoridades dan finalmente la orden de abrir las esclusas. Ya es tarde. El caudal de salida –unos 40 metros cúbicos por segundo– resulta insignificante comparado con la masa líquida acumulada tras el muro. A las 21.13, colapsa.

La presa de Malpasset se construyó entre 1952 y 1954, aunque su diseño era anterior: 1946. Si tardó cinco años en llenarse no fue por fallos técnicos ni retrasos administrativos, sino por una razón más elemental: el caudal del río Reyran era escaso. Durante meses, el embalse fue una estructura semivacía, esperando una acumulación que no llegaba. Su diseño era moderno: una presa de doble curvatura y radio variable, capaz de contener hasta cincuenta millones de metros cúbicos de agua. Medía 222 metros de largo, 66 de alto. En su base, apenas seis metros de grosor; en la coronación, uno y medio. Era delgada, casi afilada. Una forma diseñada para resistir empujes colosa-

les con una mínima sección de hormigón. No falló
su forma. Falló otra cosa.

A finales de los cuarenta, Francia necesitaba
construir deprisa. Barato. Era la posguerra. Se levantaban viviendas, se asfaltaban carreteras, se
instalaban redes eléctricas con materiales provisionales. En ese contexto, Malpasset fue una obra
más. Pero una obra mal situada. Los ingenieros
sugirieron otra localización, más arriba en el valle. Incluso otra tipología: una presa de gravedad.
Más convencional. Más robusta, pero también
más cara. Se desestimó. Se prefirió la solución ligera, calculada al milímetro sobre el papel. Los
estudios geológicos, recortados por motivos pre-
supuestarios, no detectaron que el terreno bajo la
presa estaba formado por gneis, una roca densa,
dura y, sobre todo, impermeable. Tan impermeable que no dejaba que el agua filtrase, y tan obs-
tinada que empezó a acumular presión por debajo del muro, como si hubiera decidido devolverle
el empuje a la presa desde el subsuelo. Una especie de contraataque geológico. Por eso, la presa
no se agrietó hasta explotar –esto no era algo
escrito en una sala de guionistas–. Ni siquiera falló como fallan los materiales sometidos a una
tensión excesiva, porque el agua no la venció por
la fuerza directa contra el hormigón. Se descalzó.
Perdió su apoyo. El agua le arrancó el suelo de
debajo porque había acumulado presión silencio-

samente durante años. Pero, cuando cedió, lo hizo en segundos.

La ola resultante alcanzó cuarenta metros de altura y avanzó por el valle a más de setenta kilómetros por hora. A su paso, arrasó las pequeñas villas de Malpasset y Bozon, arrastró árboles, puentes, coches, animales. Cuando llegó a Fréjus, a más de diez kilómetros del embalse, aún medía tres metros. La ciudad, con más de veinte mil habitantes, fue golpeada en la oscuridad, sin aviso y sin preparación.

Hubo 423 muertos. Más de seis mil heridos. La mayor catástrofe civil de la historia moderna de Francia. Entre los fallecidos estaba Frédéric André Capra. Tenía dieciocho años. Se había comprometido recientemente con su novia, Irène Jodar, de diecisiete. No habían llegado a casarse. La riada se llevó a Capra antes de que pudieran hacerlo. Pese a todo –a la juventud, al duelo, a la devastación que envolvía a toda la ciudad–, Irène insistió en que quería seguir adelante con el matrimonio. No por ritual ni por un gesto romántico: lo hacía porque lo amaba, sí, pero también porque estaba embarazada y en 1959, en Francia, una joven madre soltera de diecisiete años sin esposo legal no tenía muchas opciones. Ni económicas ni sociales. Casarse, incluso después de la muerte, era una forma de asegurar algo. Un apellido o reconocimiento. Quizá una mínima protección.

Una semana después del desastre, el presidente Charles de Gaulle visitó Fréjus. Recorrió los restos, saludó a los supervivientes, escuchó a los cargos locales. Entre toda esa ceremonia, Irène Jodar se le acercó. Le pidió que le permitiera casarse con su prometido muerto y De Gaulle, siendo De Gaulle, le dijo que sí. No fue una escena melodramática. Solo una joven embarazada intentando aferrarse a algo –a lo que fuera– que diera forma a lo que había quedado.

Casarse con alguien que ha muerto no es, en realidad, un acto jurídico. O no solo. Es un gesto que transcurre en otro plano, como si se intentara doblar el tiempo para cumplir con algo que no llegó a suceder. No hay futuro en una boda así. No hay convivencia, no hay vida en común, no hay discusiones sobre la colada ni listas de la compra ni hijos que lleguen a ver a sus padres juntos. No hay hogar. Pero sí hay algo más difícil de definir: una necesidad de cerrar, tal vez de sostener, de completar un vínculo que quedó suspendido. Francia lo permitió. A partir de entonces, las bodas con fallecidos fueron legales, siempre que hubiera constancia clara del consentimiento previo. No es una excepción anecdótica ni una extravagancia romántica, es el reconocimiento jurídico de una voluntad truncada. La idea de que algo puede quedar pendiente aun después de la muerte. Casarse con un novio muerto no es, entonces, una ilusión, es una afirmación: había un plan y un trayecto, esto no era una fantasía adolescente ni una esperanza unilateral. Esto era real. Esto era nuestro y no se lo llevó el agua.

Irène se casó con André y los medios la llamaron *la petite fiancée de Fréjus et de France*. La pequeña novia de Fréjus y de Francia. Su historia conmovió al país. Su nombre –y el de su novio muerto– apareció en periódicos y en revistas, en programas de radio que escucharon millones de franceses. Se convirtió en símbolo. Los nombres de las otras 422 víctimas, en cambio, acabaron diluyéndose. Formaron parte –una vez más– de una cifra-niebla. De ese entumecimiento estadístico que difumina los bordes de cada historia individual hasta hacerla indistinguible de las demás. Que impide, a veces, darse cuenta de que no murieron por azar, sino como consecuencia de una decisión. Porque en algún momento, sin demasiada ceremonia, alguien tomó una decisión. Construir en ese lugar y no unos kilómetros más arriba del curso del río. No aportar más presupuesto a los estudios geotécnicos. No detener la obra. No abrir las compuertas. No interrumpir el trazado de la autopista Estérel-Côte d'Azur, que avanzaba por el cauce bajo del río como una línea recta trazada sobre un mapa. Agua o asfalto. Precaución o desarrollo. Mientras, las lluvias siguieron cayendo, el nivel seguía subiendo, se abrieron las esclusas con retraso, el caudal de escape no fue suficiente. Y a las 21.13 del 2 de diciembre, una ola de cuarenta metros cruzó el valle. No como símbolo. Como masa. Como volumen. Como velocidad. Y la presa desapareció.

+ + +

La presa italiana del Vajont no desapareció. Tampoco se agrietó ni se descalzó: permaneció inmóvil, imperturbable, como si lo que pasó no fuera con ella. Lo que falló fue la montaña.

El 9 de octubre de 1963, a las 22.39, una porción gigantesca del Monte Toc –unos 260 millones de metros cúbicos de tierra, árboles y piedra– se desprendió de golpe y cayó en el embalse con una velocidad que, en algunos puntos, superó los ochenta kilómetros por hora. El deslizamiento desplazó el agua como una piedra en una taza, solo que aquella taza medía 262 metros de altura y contenía más de 150 millones de metros cúbicos. La ola resultante alcanzó los 250 metros. Superó el borde de la presa –no lo rozó, lo sobrepasó por entero– y se precipitó al otro lado con una violencia tan precisa que parecía diseñada.

Una ola de 250 metros. ¿Cómo se escribe eso? ¿Cómo se *piensa* eso? No es una cifra, es una negación del paisaje. No es una ola como las que se ven en el mar –que se levantan, se curvan y rompen con espuma blanca y sonido rítmico–. Es un cuerpo entero de agua compacta, denso, mineral. Un tsunami interior, líquido, pero con el peso de una montaña. Doscientos cincuenta metros es más alto que cualquier edificio construido en Italia hasta hoy. Más alto que el Duomo de Milán multiplicado por dos. Superaba la altura visible de muchas laderas alpinas cuando se las mira desde el fondo del valle. Doscientos cincuenta metros es lo suficiente para no ver el sol si estás en su trayectoria. Tapaba el cielo. Literalmente. Una muralla móvil que no se deslizaba: caía y aplastaba a la velocidad de un proyectil. No hay forma humana de sobrevivir a eso. Ni casa ni coche ni puente ni iglesia, ninguna infraestructura sirve frente a una ola que supera en cien metros a la propia presa que debía contenerla. El embalse, durante un segundo, se puso de pie. Fue un impacto balístico.

Aun así, era solo agua. Agua que obedecía a la física, al desnivel, a la energía transferida. Pero su escala –esa altura brutal, esa masa moviéndose a más de cien kilómetros por hora– escapa a cualquier intento de representación razonable. Por eso las cifras engañan. Porque dicen «doscientos cincuenta metros» como si dijeran «veinticinco». Pero eso no es una ola. Es el fin de cualquier posibilidad de respuesta.

Longarone, un pequeño pueblo situado unos kilómetros más abajo, desapareció en cuestión de segundos. Las villas de Pirago, Rivalta, Villanova y Faè también fueron borradas del mapa. Murieron unas dos mil personas –las cifras varían según las fuentes, porque muchos cuerpos nunca se recuperaron–. El número exacto apenas cambia lo insoportable del total: lo esencial es que casi nadie sobrevivió.

La tragedia del Vajont fue, como tantas otras –quizá demasiadas–, una catástrofe anunciada. Ya desde la fase de construcción, los geólogos señalaron que el Monte Toc presentaba signos de inestabilidad. No era una advertencia abstracta: había fisuras visibles, desplazamientos medidos, desprendimientos previos registrados. En 1959, mientras se abría una carretera en la ladera, se produjo un derrumbe parcial. En 1960, con el embalse aún en fase de llenado, una primera *frana* –una avalancha menor– cayó al agua. Se redujo el nivel del pantano, se reanudó el llenado más tarde y se archivaron las dudas como si fueran simples inconvenientes logísticos. Porque la Società Adriatica di Elettricità (SADE), encargada de la construcción, no tenía margen para detenerse. Italia estaba inmersa en el vértigo de su propio milagro económico, una posguerra transformada en una carrera desenfrenada hacia la industrialización. La energía hidroeléctrica era uno de los pilares del futuro y cada presa era –otra vez– una promesa de progreso. SADE, además, quería consolidar su dominio antes de la nacionalización del sector eléctrico. Así que se ignoraron las advertencias. O, mejor dicho, se reconocieron y se anotaron en los informes, pero se trató de neutralizarlas con ingeniería. Con cifras y cálculos tranquilizadores. Como si una montaña pudiera entender de márgenes de seguridad. Pero no fue solo una omisión técnica, también fue una omisión política y narrativa.

Durante años, la periodista local Tina Merlin escribió sobre lo que estaba ocurriendo en las montañas del Vajont. Lo hizo con obstinación, desde la provincia, desde el margen; de alguna manera adivinaba –o intuía– que lo que tenía delante no era solo una obra hidráulica, sino una catástrofe escrita en el futuro. Trabajaba para *L'Unità*, el periódico del Partido Comunista Italiano, lo cual ya condicionaba la recepción de su trabajo: todo lo que dijera podía ser acusado de ideológico y parcial, probablemente subversivo. Pero ella seguía. Publicaba artículos y entrevistaba a vecinos, subrayaba los informes, escribía columnas enteras denunciando que Longarone y los pueblos de los alrededores estaban en peligro. Decía que el Monte Toc se movía y la tierra no era estable. Que aquello no podía terminar bien. No exageraba. No fabulaba. Se limitaba a contar lo que veía. Y lo que veía era que nadie escuchaba. Tal vez peor, que escuchaban, pero decidían no actuar.

En 1959, aun cuando ya se había producido el primer corrimiento parcial de tierras, fue llevada a juicio. La acusaban de difundir «noticias tendenciosas y alarmistas que ponían en peligro el orden público». Lo peligroso, lo catastrófico no era el posible desprendimiento, eran las palabras que lo nombraban. Fue absuelta en 1960, pero el mensaje había quedado claro: el miedo, cuando se vuelve público, es una amenaza para la inversión. Y en el milagro económico italiano, el miedo no podía permitirse.

Así que se archivó el miedo y se diluyeron las advertencias en un foso de documentación técnica. Se prefirió decir que se había bajado el nivel del embalse y que el comportamiento del monte estaba monitorizado, que no había riesgo real, que todo estaba bajo control. Una montaña leída como un gráfico, una ecuación bien formulada para sostener toneladas de roca.

Años después, Tina Merlin escribió un libro. Se titulaba *Sulla pelle viva* –«Sobre la piel viva»–, y en él narraba con precisión quirúrgica todo lo que había pasado; no solo el deslizamiento de tierras, la ola y la destrucción de Longarone, sino también las negligencias, las decisiones políticas y las advertencias previas. Las voces ignoradas. Era un libro escrito con rabia, pero también con una especie de dolor resignado que en cada página intenta responder, sin lograrlo, la misma pregunta: ¿qué se supone que debe hacer alguien que ve venir el desastre y no puede detenerlo?

El libro se publicó en 1983, veinte años después de la tragedia. No era un ajuste de cuentas, aunque podía leerse así. Era, más bien, un intento de que quedara algo por escrito, algo que no se pudiera archivar ni pudiera acusarse de alarmismo. Que dijera, sin aspavientos, lo que ya se había dicho. Porque lo que ya se había dicho ya había sucedido.

La noche del 9 de octubre de 1963, cuando el monte cayó sobre el agua, la presa cumplió su función estructural. Eso es lo más desconcertante de Vajont: que funcionó. Que la presa hizo exactamente lo que se suponía que debía hacer. No se resquebrajó. No cedió. No colapsó como lo hacen otras presas en los informes de ingeniería forense. Sus cimientos tampoco se descalzaron como sucedió en Malpasset. El hormigón se mantuvo. El muro resistió la embestida del agua. La infraestructura, en términos técnicos, cumplió su cometido, y eso es lo que la convierte en un enigma moral. Porque una infraestructura que falla, que se rompe y se hunde, permite al menos un relato claro. Un punto de fractura, un error identificable, probablemente una negligencia que puede trazarse sobre un plano. La presa del Vajont no se quebró, pero su mera existencia –su localización concreta y su ambición mal emplazada– convirtió el valle entero en un cementerio.

La presa sigue allí aún hoy. Intacta. Es quizá el monumento más siniestro del desarrollismo italiano: una obra maestra de la ingeniería que no sirvió para nada. El problema no fue que fallase. El problema fue que funcionó como debía, pero en el lugar equivocado, bajo la montaña equivocada, en el país equivocado, en la época equivocada.

+ + +

Los seres humanos podemos construir grandes infraestructuras: autopistas, cauces, puentes, presas. Trazamos líneas sobre montañas, perforamos túneles a través de cordilleras, levantamos pasarelas entre acantilados. Modificamos el cauce de los ríos, los domesticamos, los encauzamos en zanjas de hormigón y geotextil. Somos capaces de redibujar el territorio con una mezcla de ambición milenaria y maquinaria pesada. Cuando hace falta, desplazamos pueblos. Expropiamos, asfaltamos, compactamos. Construimos viaductos que sobrevuelan valles enteros y túneles que atraviesan el corazón de la roca. Y todo eso –esa potencia, esa ingeniería, esa voluntad de conectar, de controlar, de llegar antes– se convierte, con el tiempo, en paisaje.

Pero la arquitectura, la arquitectura como forma primaria, como intuición antigua, no empieza ahí. La arquitectura nace en la casa. Ni en la torre ni en el templo ni en el anfiteatro. En la casa. En la necesidad inmediata de trazar un límite entre lo que está fuera y lo que debe permanecer dentro. Las primeras cuevas, los primeros tipis, los primeros castros de planta circular –porque era la manera más sencilla de trazar una línea con una cuerda sujeta a un palo, con un gesto que todavía podemos reproducir sobre la tierra húmeda o la arena– fueron ya una forma de arquitectura. Y esa forma no era decorativa ni simbólica. Era práctica. Era defensiva. Era humana.

Después vino todo lo demás. Los pórticos clásicos, las columnas dóricas, las bóvedas de crucería, los rascacielos acristalados, los centros de datos que respiran como bestias térmicas en los extrarradios. Podemos construir catedrales y museos, estadios y hasta estaciones espaciales –si es que eso es arquitectura, que lo es–. Podemos levantar edificios que desafían la gravedad, que giran sobre sí mismos, que se hunden en la tierra o que flotan sobre el mar. También construiremos presas para alimentarlos de energía y cauces para protegerlos de las crecidas, y autopistas y ferrocarriles para conectarlos. Pero nada de eso borra lo esencial: todo empieza en la casa. Toda ingeniería se construye en servicio del ser humano –es decir, de la arquitectura–. Y toda arquitectura es, en el fondo, una variación de la casa. Porque la casa no es solo un lugar: es un ancla. Una estructura física que garantiza, aunque sea de forma simbólica, una cierta continuidad del yo. La casa es el lugar al que uno vuelve. El sitio donde se duerme sin armas, donde se guarda lo irrelevante –una postal, una factura de hace cuatro meses, una cuchara que nadie quiere tirar–, donde se repite la rutina hasta que deja de parecer rutina. Hay quienes dicen que la casa es una extensión del cuerpo. Puede ser. Pero también es una extensión de la confianza.

Las primeras casas nacieron para eso. Para protegernos. De los animales, de los enemigos, del frío, el viento y la lluvia. No había otra función. No había propiedad ni estética, tampoco había mercado. Solo necesidad. Y esa necesidad fue dibujando formas. Primero simples. Luego menos simples. Pero siempre en torno a la misma idea: delimitar un interior donde no entrara el daño. Esa idea persiste. A pesar de los metros cuadrados, de las cocinas abiertas o cerradas, de las terrazas, de las normativas urbanísticas y de las cláusulas hipotecarias. A pesar de todo, la casa sigue siendo el lugar al que uno va cuando todo lo demás falla. La casa es el refugio. Como lo ha sido durante siglos.

Pero en la DANA de 2024 –lo escribí antes y lo voy a volver a escribir ahora– sesenta y ocho personas murieron en la planta baja de su propia casa.

Hay algo doloroso, sí, pero también muy desasosegante en el hecho de morir por culpa de tu casa. No de morir en tu casa –eso, en muchos casos, es casi una aspiración: cerrar los ojos en la misma habitación donde aprendiste a leer, donde tu madre planchaba con gesto mecánico frente a la radio–, sino de morir porque la casa, la tuya, se ha convertido en una trampa. Porque lo que debía protegerte –muros, puertas, ventanas, cerraduras, suelos– ha pasado a ser una estructura de encierro. Porque el agua ha llegado y no ha salido. Y tú estabas dentro.

Una planta baja, en casi cualquier parte de l'Horta Sud, no era hasta hace poco un lugar percibido como vulnerable. Era, si acaso, más accesible, más fresca en verano, tal vez más barata. También más ruidosa y más expuesta. Pero no era peligrosa. Muchas de esas viviendas no estaban en barrios marginales ni en zonas especialmente degradadas. Estaban en calles con farolas nuevas, con contenedores de reciclaje, con estancos y panaderías en la esquina. En algunas de esas casas vivía gente mayor porque siempre había vivido allí. En otras, familias recién llegadas, que habían alquilado la planta baja porque era lo que podían permitirse. En todas, cuando la lluvia empezó, no hubo una alarma clara. Solo una acumulación de signos que nadie supo leer a tiempo porque no hubo tiempo: el ruido sordo en las tuberías o la velocidad endiablada con la que el agua subía por el patio interior o el modo en que la puerta principal, una vez hinchada y forzada por la presión que venía del otro lado, ya no abría. Cuando quisieron salir, no pudieron. Cuando gritaron, el agua les llegaba al pecho.

En algunos casos se encontraron los cuerpos horas después, cuando el nivel había bajado. No flotando, como en las escenas más crudas del cine catastrofista; sentados en el suelo, desmadejados contra una pared, como si hubieran decidido rendirse en algún punto del proceso. Como si hubieran entendido –demasiado tarde– que la casa ya no estaba de su parte.

Esa imagen es de una violencia muy específica. Por su significado. Por todo lo que la precede: la idea de que el lugar más íntimo, el que contiene tu rutina, tu ropa, tus cables de cargador doblados sobre sí mismos, tus marcos con fotos de hace una década, puede convertirse de un momento a otro en una cápsula sin salida. Como un ascensor sellado. Como un cajón hermético. Como un ataúd.

Es posible que algunas de esas casas ya hubieran mostrado algunas señales: humedades antiguas o filtraciones menores, tal vez charcos que se colaban bajo la puerta cada vez que llovía más de la cuenta. Pequeños avisos ignorados. No por irresponsabilidad, sino por costumbre. Porque nadie construye una casa pensando en su capacidad para matar. Nadie alquila una planta baja preguntando cuántos centímetros por encima del nivel del mar está el umbral. Nadie imagina que una tarde cualquiera de octubre pueda terminar con el agua a la altura del cuello. Pero eso es exactamente lo que pasó. Y no fue lejos. No fue en lugares apartados, sin cobertura y sin planos actualizados. Fue en los pueblos que rodean Valencia. En calles con nombre. En esquinas iluminadas. En casas donde esa misma mañana alguien había hecho café, había planchado una camisa, había regado una planta.

Murieron dentro de casa. No porque fuera su hora, sino porque la casa no supo cómo defenderlos.

CUARTA PARTE

La culpa y el espectáculo

Cualquier narración puede resumirse. Todas. Incluso las más vastas, las más laberínticas, las más deliberadamente caóticas o aparentemente imposibles de encapsular. La *Ilíada* cabe en cuatro párrafos si uno se lo propone: un conflicto entre aqueos y troyanos, una disputa entre dos hombres que se sienten más importantes que la guerra que los rodea, un cadáver arrastrado por la arena, una ciudad a punto de desaparecer. *El arco iris de gravedad*, esa catedral de paranoia y erotismo estadístico, podría comprimirse en ocho: hay una guerra, hay cohetes, hay un hombre que busca patrones entre los orgasmos y los bombardeos. Incluso *La broma infinita*, que es un coloso con cientos de notas al pie y otros cientos de adicciones institucionalizadas, podría contarse en dos páginas con algo de esfuerzo y una actitud ligeramente criminal. Se puede hacer. Técnicamente. Lo hace Wikipedia. Lo hacen los resúmenes escolares. Lo hacen las fichas de guion. Pero lo que se obtiene no es una historia. Es otra cosa: una acumulación de datos, un esqueleto sin carne, un esbozo que contiene los hechos, pero no su peso.

Porque los hechos, solos, no bastan. No empujan. No resuenan. Pueden informar y, hasta cierto punto, pueden esclarecer, pero no transforman. Para eso está la historia. El relato. La narración estructurada y construida, que organiza los datos en torno a una secuencia y a un ritmo, a una necesidad. No se trata solo de contar lo que ocurrió; se trata de decidir cómo se cuenta, qué se omite, qué se retrasa y qué se repite. Se trata de moldear la experiencia, no solo de transmitir el inventario.

Esto no es una excentricidad cultural ni un invento reciente: es parte de lo que somos. Desde antes de la escritura, antes de la ciudad y del comercio que las conectó, incluso antes de que existiera la noción misma de Historia, con mayúscula, los seres humanos hemos transmitido el conocimiento mediante historias. Fábulas, mitos, parábolas, tragedias, hasta anécdotas familiares. Lo que sabíamos del mundo –del cielo y los dioses, de los peligros, de las herramientas, de la traición, del hambre– no lo guardábamos en tablas contables, sino en relatos. Porque lo que no se puede narrar, no se puede recordar. Y lo que no se recuerda, no existe del todo.

Una historia es una forma de asidero. De permanencia. Una forma de decir: esto importa y te lo voy a demostrar no con cifras ni con fechas, sino con una estructura que te atrape, que te incomode, que te haga querer saber qué pasa después. Por eso una historia bien contada tiene más poder que una estadística. Por eso un relato puede mover más que un informe. Y por eso, también, cada vez que una catástrofe se reduce a una cronología de sucesos, algo se pierde. La historia es lo que da forma a la pérdida. Lo que permite que la cifra deje de ser niebla.

Pero hay un problema. Un problema con siglos de antigüedad, milenios incluso, que no se presenta con estruendo ni se anuncia con sirenas, sino que opera de forma sigilosa, como una costumbre demasiado instalada para que alguien se detenga a cuestionarla. Porque llevamos tanto tiempo contando historias, desde tantos lugares y con tantas voces, que no solo hemos perfeccionado el arte del relato, sino que hemos terminado por fabricar moldes. Plantillas. Andamiajes invisibles donde las historias encajan incluso antes de ser contadas. Y esos moldes funcionan. Funcionan tan bien que, a veces, resulta imposible esquivarlos. El camino del héroe. La caída del antihéroe. La tragedia que redime. La montaña rusa emocional con un clímax medido al milímetro, como si Pixar nos hubiera reprogramado el corazón.

Todas estas estructuras –más o menos conscientes, más o menos académicas– comparten una idea de fondo: que las historias deben organizarse. Que hay que repartir sus elementos en escenas, construir tensión con antelación quirúrgica, dosificar las sorpresas, preparar los momentos de ruptura. Y, sobre todo, que hay que poblarlas de personajes.

Porque somos personas, claro, y contamos historias para otras personas. Así que necesitamos que la historia la protagonicen personas. Alguien que actúe, que sufra, que se equivoque, que piense algo que luego resulte no ser del todo cierto. Puede ser un niño o un emperador, un mecánico o una leona parlante. Puede ser hasta un coche con ojos pintados en el parabrisas, una tostadora que busca a sus amigos o un androide que sueña con ovejas eléctricas. Da igual: tiene que haber alguien. Una conciencia en el centro de la historia que permita a quien la lea o la escuche decir: entiendo. Me importa. Sigo.

Con esos personajes, inevitablemente, viene el reparto de roles. Aunque no lo queramos. Aunque juremos que esta historia no tiene buenos ni malos porque es ambigua o coral y, ya sabes, nunca hay una sola verdad. Nuestro cerebro, que lleva siglos entrenado para sobrevivir en narrativas, va a hacer lo suyo: va a buscar un héroe y un villano. Un responsable y un inocente, al menos para poder dormir tranquilo. Porque necesita un eje. Necesita algo a lo que agarrarse mientras el relato avanza. Por muy complejo que sea, incluso si es un rizoma caótico como el *Ulises* de Joyce o una espiral que se retuerce hasta el punto de origen. Incluso si todo está diseñado para desestabilizar. Siempre hay un momento, puede que sea solo un gesto, que nos permite señalar con el dedo y decir: aquí. Este es el bueno. Este, el malo. Este es el que se salva. Este, el que lo jode todo. Estas son las víctimas y este es el culpable.

Durante los días, las semanas, los meses que siguieron a la DANA de Valencia de 2024 estuvimos buscando un culpable. No lo dijimos así, claro. Nadie dijo «vamos a buscar un culpable» con esa literalidad casi infantil que sí usan los personajes de una serie de abogados, pero, en el fondo, eso era lo que estaba ocurriendo. Porque cuando la tragedia sucede, cuando el barro ocupa las aceras durante más tiempo del que el sentido común puede tolerar, cuando los coches siguen apilados como restos arqueológicos mal clasificados, cuando las calles huelen a humedad podrida y a algo que no se puede nombrar pero se reconoce al instante –una mezcla de lodo, descomposición, gasolina vieja y polvo seco de pintura levantada–, cuando hay 227 personas muertas, entonces surge la necesidad de organizar la rabia. De darle un objetivo. Una dirección. Y ahí empieza la búsqueda.

Se culpó a la AEMET, por supuesto. Por no ser lo suficientemente firme con el aviso de nivel rojo. Como si los meteorólogos de la AEMET fuesen oficiales de la Gestapo capaces de poner a los ciudadanos en fila y obligarlos, bajo amenaza de arresto, a no coger el coche, a no cruzar esa calle, a no intentar llegar al centro comercial cuando la tormenta ya se dibujaba con violencia sobre los mapas de radar. Como si un boletín que hay que consultar en una app que no todo el mundo consulta tuviera la capacidad de conjurar el miedo o, peor aún, de imponer la precaución.

Se culpó al Gobierno de la nación. Porque la UME tardó en llegar. Porque durante días enteros el barro se mantuvo donde no debía estar, como si hubiese decidido instalarse y ya no fuera barro sino residuo estructural. Hubo muchas calles, demasiadas, donde fueron los propios vecinos –los de allí y los cientos que llegaron, andando, a ayudar– quienes tuvieron que limpiar, rastrillo en mano, carretillas compartidas, cubos y escobas y la misma camiseta manchada de sudor y barro día tras día, un lugar que no parecía una zona urbana del siglo XXI, sino una trinchera rural sin asistencia del Estado. Lo que se esperaba era rapidez, eficacia, helicópteros, imágenes aéreas de operativos que devolvieran al menos la sensación de control. Lo que se obtuvo fueron protocolos para el despliegue en órdenes de prelación perfectamente ajustados a la normativa y perfectamente inexplicables para los ciudadanos. Lo que ellos vivían era la evidencia, cada vez más difícil de aguantar, de que nadie llegaba.

Se culpó al Consell de la Generalitat. Con nombres y apellidos, con siglas y competencias. Y, específicamente, a su presidente. Porque mientras él pasaba horas en el reservado de un restaurante, las lluvias desbordaban los barrancos. Porque la alerta móvil –aguda e inconfundible, atravesando el aire como una sirena en tiempo de guerra– llegó horas después de que la riada hubiese empezado a arrastrar coches y a meterse por las escaleras de los sótanos como una serpiente muda. A inundar casas. A llevarse vidas. La alerta llegó cuando ya no era alerta sino posdata. Y a nadie le sirven las posdatas cuando el daño ya está hecho.

Se culpó a la democracia (así, con todas las letras) porque –según ciertos discursos que en redes sociales circulaban con una mezcla de nostalgia impostada y rigor de barra de bar– se habían demolido pequeños azudes construidos durante el franquismo. Azudes cuya supuesta importancia en la contención de la riada era, en el mejor de los casos, anecdótica. Pero ya se sabe: siempre hay alguien dispuesto a decir que con Franco se vivía mejor, aunque haya nacido treinta años después del fin de la dictadura y su único contacto con aquella época consista en una carpeta de memes revisionistas y un perfil online cuya biografía dice «fascista de corazón» entre emoticonos de fuego.

Se culpó también a la Confederación Hidrográfica del Júcar. Por algo. Por lo de siempre, por no prever, por no tener el don de la profecía. Ya ni recuerdo quién la acusó ni exactamente de qué, solo que su nombre se repitió lo suficiente como para incorporarse al ruido de fondo.

También se buscaron culpables más grandes, más inabarcables, más cómodos en su monstruosidad abstracta. El cambio climático, por ejemplo. Una fuerza global que lo explica todo y que, precisamente por eso, no termina de cerrar ninguna explicación. Se culpó también al desarrollismo que, en los años sesenta y setenta, cubrió los campos de cemento y construyó casas, polígonos, bloques de cuatro alturas y calles con nombres de pintores o de médicos donde antes solo había acequias y árboles frutales. Se culpó al urbanismo expansivo, a las decisiones técnicas de hace medio siglo, a los márgenes de crecimiento mal gestionados. A la codicia inmobiliaria, a los políticos de entonces, a los informes que nunca se leyeron. A todo lo que ya estaba ahí, agazapado, esperando una tormenta lo bastante violenta como para activar la trampa.

Se buscaba un culpable en el otro lado del espectro político, ideológico o cultural. Alguien que confirmase nuestros prejuicios, que nos permitiese ordenar el caos dentro de una lógica ya conocida. No tanto para entender lo que había pasado, sino para asegurarnos de que no había pasado por culpa de los nuestros. Un rostro que encajara sin esfuerzo en el papel de antagonista: el Gobierno, la oposición, los ecologistas, los negacionistas, los urbanistas, los arquitectos, los alcaldes, los meteorólogos. Alguien. Y si explorásemos en profundidad, con la mínima honestidad que exige no repetir siempre las mismas ficciones, quizá solo necesitaríamos que ese culpable existiese. Porque un relato sin un villano específico es un relato que incomoda, que obliga a pensar en estructuras más complejas, más difíciles de señalar y casi imposibles de derribar.

Lo dije antes: al sistema le viene fenomenal señalar a un responsable para así lavarse las manos y continuar. Pero el sistema tampoco es un ente abstracto. El sistema es un gigantesco juego de dominó del que nadie recuerda cuándo se empujó la primera ficha y cuyo final –si es que existe– probablemente no llegará como respuesta a esta catástrofe ni a ninguna otra. La cuestión es que esas fichas no son paralelepípedos de plástico multicolor, son personas. En medio. A menudo empujadas, a veces empujando, aunque no sean del todo conscientes de ello. Y detrás de cada persona hay una vida, con rutinas, con dudas, con pequeñas certezas construidas a lo largo de los años. Cuando el dominó se desploma, lo hace sobre eso: sobre las compras a medio hacer, sobre las vacaciones planificadas, sobre las camas deshechas y los móviles sin batería. No cae solo sobre cuerpos. Cae sobre narrativas enteras, interrumpidas sin previo aviso.

Cuando el mundo es demasiado grande, demasiado turbio, demasiado lleno de detalles que no encajan; cuando no hay una víctima con el rostro perfecto de una estrella de Hollywood sino muchas víctimas sin cara, no nos vale con intentar entender la tragedia. Porque entender no basta. Comprender no consuela. Lo que buscamos –aunque no sepamos nombrarlo– es una forma de cerrar el paréntesis y poner orden a lo incomprensible. De trazar una línea que diga: esto, al fin, ha terminado. Por eso necesitamos culpables. No solo para exigir responsabilidades o reparar agravios –que, obviamente, también–, sino como forma de clausura. Como algo que nos permita archivar la tragedia sin que nos estalle entre las manos cada vez que la rozamos. Las víctimas, sus familias, los vecinos de l'Horta Sud, los que estuvieron allí, los que lo perdieron todo, necesitan ese cierre como quien necesita un lugar donde dejar las flores. Pero también lo necesitamos nosotros, los que no perdimos nada tangible, los que solo lo vimos por la tele o lo seguimos por las redes o lo hablamos durante días con conocidos que tampoco tenían demasiada información. Porque no sabemos vivir dentro de una historia que se queda abierta. Porque una tragedia sin desenlace no se va; se queda agazapada en algún lugar blando del cuerpo, esperando a estallar en otra parte.

+ + +

A veces –no siempre, pero sí a veces– ese final llega en forma de silencio. De retirada. De un gesto que no busca justicia ni redención ni castigo, sino simplemente desaparecer del relato.

Harry Crandall se suicidó en 1937. Reginald Geare lo había hecho diez años antes. Ambos nombres –el del empresario y el del arquitecto– quedaron atrapados para siempre entre las cerchas metálicas del teatro Knickerbocker de Washington D. C., aunque ni uno ni el otro estuvieran en el patio de butacas cuando el techo del edificio cedió.

El 28 de enero de 1922, la construcción formaba parte de un lugar –no necesariamente un lugar físico– donde la arquitectura parecía haber decidido, al menos por unos años, que la dignidad se podía edificar a base de simetría y una iluminación tan intensa que lo volvía todo un poco espectral. Un mundo no del todo real hasta que alguien, desde un proyector invisible, lo bañaba con ese blanco nuclear que emborrona los bordes. Así aparecía el Knickerbocker en las fotografías de la época. Macizo, académico, levantado por alguien convencido de que una cornisa recta y una ventana alineada podían contener el espíritu de una civilización entera. Fachada de ladrillo y piedra, tres alturas, un frontón semicircular como remate y ventanas rectangulares impecablemente alineadas. Nada de adornos innecesarios, pero sí la teatralidad justa: la marquesina con su franja de luces, los carteles anunciando nombres con letras mayúsculas –Sam Hardy y Doris Kenyon en *Get-Rich-Quick Wallingford*, un título de revista ilustrada– y una fila de puertas de madera acristaladas como bocas dispuestas a engullir público. Ese público, por su parte, empieza a tamborilear con los pies, pero no por un retraso en la función, sino por el frío. Fuera nieva desde hace dos días, así que, aun sin desorden, se agrupa frente al edificio. La mayoría con sombrero y abrigo largo, también estolas de piel. Algunos se apoyan en bastones, otros conversan exhalando nubes tenues que flotan en el aire mezcladas con el humo de alguna pipa y los relinchos de caballos ateridos que a duras penas han llegado arrastrando coches por la estrecha franja de calzada que hay abierta en la nieve. En los márgenes, compartiendo las calles con los caballos, unos pocos automóviles con carrocería de madera y linternas encendidas. Todo parece sólido. Todo parece limpio. Todo parece a punto de durar.

¿Cuántas personas hay en esos grupos que empiezan a concentrarse con cierta impaciencia? No se puede saber con exactitud. Más de trescientas, seguro. Quizá más de quinientas. Como mucho mil de las mil setecientas que caben en el Knickerbocker, no más, probablemente porque el frío cae en los hombros como una manta mojada y la nieve se acumula en las aceras, en las cornisas, trazando una línea blanca que convierte la ciudad en un negativo borroso. Pero es sábado. Sábado por la noche en la capital. Y eso, incluso con los termómetros petrificados, significa algo. Un permiso, la posibilidad de una rutina amable. Quizá es la razón por la que están ahí. Porque no hay nada mejor que hacer, porque no pueden salir de la ciudad ese fin de semana. Porque es sábado, repiten, y las cosas malas –las de verdad malas– no ocurren en los cines iluminados ni en las salas donde la risa es el idioma común. Eligen ver una película ligera, una comedia muda de Frank Borzage. El título suena prometedor y el argumento que han leído en la reseña de *The Washington Post* parece confirmar lo que se necesita en una noche fría: un estafador entrañable, un enredo financiero, una secuencia de puertas que se abren y se cierran con un ritmo de vodevil. Los actores hacen muecas. Se resbalan. Se enamoran. Se lanzan sombreros al aire. La sala se llenará, con suerte, de una risa cortés, no escandalosa. Risa de ciudad, de capital política.

Allí, junto a las puertas, a punto de cruzarlas, aguarda una familia con tres hijos –dos chicas adolescentes y un niño de nueve años–; también David Lyman, un joven con futuro en el atletismo universitario, el excongresista por Pensilvania Andrew Jackson Barfield y Louis William Strayer, corresponsal del *Pittsburgh Dispatch* y antiguo presidente del Club Gridiron, una de las asociaciones periodísticas más influyentes del país. Entre todos ellos, sola, está Margaret Denham. Se casó hace apenas cuatro días, pero su marido, Joseph Beal, toca esta noche con la orquesta del Knickerbocker. Suspendieron la luna de miel por eso: el temporal dejó a varios músicos atrapados en casa, y Harry Crandall, propietario del teatro, tuvo que buscar instrumentistas disponibles para no cancelar la función.

Las puertas se abren a las siete y media. La película comienza a las ocho. A las nueve, el techo colapsa. No se hunde lentamente, no cruje durante minutos: cae. Se parte y cae. Sobre las butacas, sobre los cuerpos. Mueren 98 personas. La familia con tres hijos. El atleta de instituto. El excongresista. El corresponsal. La recién casada. El violinista. Todos mueren. Todas las personas que he nombrado en el párrafo anterior mueren bajo el peso de la cubierta y casi un metro de nieve. Todas menos el niño de nueve años.

La nieve es preciosa. Lo ha sido siempre, incluso cuando se queda en las aceras y retrasa trenes, incluso cuando vuelve peligrosos los escalones y los cables se comban por su peso. Hay algo ceremonial en la nieve: lo detiene todo, como si la ciudad entera –las tiendas, los periódicos, los coches– se viera obligada a contener la respiración. Y, al mismo tiempo, lo cubre todo. Borra. Suprime los detalles, embellece los contornos. Un solar en ruinas parece una estampa y una verja oxidada se vuelve romántica. Es blanca, sí; pero no blanca como una pared. Es blanca como el comienzo de un cuaderno. Por eso hay tantos cuadros y tantas postales de nieve. Por eso hay canciones navideñas y películas con tejados nevados y muñecos con nariz de zanahoria. La nieve es infancia y es casi abrigo. Es algo que cae sin hacer daño. Hasta que lo hace. Porque la nieve pesa. Aunque nadie lo piense cuando sostiene un copo entre los dedos. Pesa. Y pesa más cuando se queda, cuando se acumula. Cuando, tras dos días enteros sin despejar, se adhiere a sí misma como capas de papel cada vez más empapado. La nieve recién caída es relativamente ligera, pero cuando absorbe su propia humedad, su densidad se duplica. Se convierte en cemento helado. Y si la gravedad la compacta durante cuarenta horas, si cubre un tejado sin que nadie la retire, puede alcanzar los doscientos kilos por metro cúbico.

En la cubierta del Knickerbocker se ha acumulado casi un metro. Una losa invisible de más de cien toneladas que nadie ha quitado a tiempo. Nadie la ha mirado como una amenaza. Porque sigue siendo nieve. Porque parece lo de siempre. Porque cuando algo es bello, cuesta imaginar que sea peligroso.

Tras el desplome, el Knickerbocker deja de ser un teatro. Deja de ser siquiera un edificio. Durante un instante –seguramente solo unos segundos– es un ruido imposible de traducir. Después, es otra cosa. Un lugar bombardeado donde antes había gente riendo ante una comedia sin diálogos.

Los primeros en llegar no lo hacen por obligación, sino por instinto. Vecinos que han oído algo se acercan desde las calles adyacentes. Se agrupan frente a la fachada rota, a medio vestir, cargando herramientas improvisadas: palas, escobas, mantas viejas. Trabajan con torpeza pero con convicción. Al poco llegan médicos y enfermeros del cercano hospital militar Walter Reed. Se improvisan camillas con puertas arrancadas de los comercios colindantes. El frío corta la piel y emborrona los gestos. A medianoche, una compañía militar entra en escena. Ordenada, precisa, con linternas y herramientas bien alineadas. El mando lo lleva un joven oficial que todavía no es historia, pero que ya se comporta como tal: George S. Patton. Coordina, señala, da órdenes. No duda. Para las seis de la mañana, hay más de seiscientas personas trabajando entre los restos. Entre ellos, sin rango ni uniforme, está Reginald Geare. El arquitecto del Knickerbocker. Llega temprano, vive cerca. No se presenta. No explica nada. Aparta tablones, sirve café caliente, empuja butacas como si todavía tuvieran que acomodar espectadores. Nadie lo reconoce del todo, o quizá sí, pero nadie dice su nombre. Él tampoco. Solo trabaja. Y no se va.

Un arquitecto entre los escombros de su propia obra es una imagen muy extraña, enrarecida. Nos habla de él, sí, pero también revela algo esencial sobre la arquitectura. Sobre la responsabilidad. Sobre los vínculos invisibles entre quien proyecta y lo proyectado. Cuando un edificio se alza, todos lo miran. Se admira su simetría, su ambición, su gesto cívico. Pero cuando un edificio se desploma, cuando deja de ser espacio y se convierte en trampa, la autoría se vuelve más difícil de nombrar. Se dispersa, se difumina. Se convierte en una cadena de decisiones donde nadie parece haber elegido del todo. Sin embargo, el edificio está ahí. Derrumbado. Y bajo él, personas. Lo que debería haber contenido luz y sonido ahora contiene cuerpos, y, frente a eso, las categorías se vuelven inaplicables. ¿Dónde empieza la culpa? ¿Dónde termina el azar? ¿Qué significa reconstruir no desde los planos, sino desde los restos? Tal vez no haya respuesta. Tal vez solo quede la imagen. El edificio roto y, dentro, una figura anónima apartando tablones y fragmentos retorcidos de acero.

Reginald Geare se suicidó en 1927. Harry Crandall lo hizo diez años después. Desde 1914 hasta 1922 habían trabajado juntos –arquitecto y promotor– en una docena de teatros a lo largo de la costa este, proyectando espacios pensados para el espectáculo, para la celebración de lo cotidiano. Algunos de ellos siguen en pie. El Apollo de Martinsburg, por ejemplo, figura hoy en el Registro Nacional de Lugares Históricos de Estados Unidos. Es una pequeña cápsula de época que se lee como el vestigio de esa ambición escenográfica que quiso convertir cada noche en un estreno.

Tras el derrumbe del Knickerbocker hubo investigaciones y demandas. También hubo juicios, pero ni Crandall ni Geare fueron declarados culpables. Ni por negligencia ni por omisión. Tal vez porque no lo eran. Porque, sencillamente, los códigos edificatorios de la época no contemplaban una carga de nieve como la que se acumuló sobre la cubierta aquel día. Aun así, la culpa pesó más que la nieve. Más densa, más persistente. No una culpa jurídica, sino otra más íntima, más imposible de refutar. Ambos eligieron una salida silenciosa. Se quitaron la vida por inhalación de monóxido de carbono. Una muerte sin violencia visible. Sin estridencia ni estertores. Crandall dejó una nota breve, apenas una frase: «No sean demasiado duros conmigo». Como si, incluso al final, necesitara una última función que salvar.

Solemos decir que la realidad supera a la ficción. Lo decimos casi sin pensar, una de esas fórmulas de cortesía que no requieren examen. Pero no es cierto. O no de la manera en que solemos imaginarlo. Lo que ocurre, más bien, es que, para que funcione, la ficción necesita ser verosímil, mientras que la realidad no tiene esa obligación. La realidad no necesita justificar sus giros, ni suavizar sus excesos, ni pedir permiso antes de montar una escena tan cargada de intención que, en una novela, parecería demasiado forzada.

Pero, en ocasiones –y no ocurre tan a menudo como repetimos esa frase– la realidad sí parece escrita por alguien y lo que vemos no parece una secuencia casual de eventos, sino el resultado de una estructura narrativa cuidadosamente diseñada, con personajes nítidos, momentos llenos de simbolismo y un sentido de la progresión dramática que haría sonrojar a cualquier guionista. El problema, claro, es que eso no suele pasar. Lo habitual es lo contrario: vidas deshilachadas, causas múltiples y responsabilidades compartidas. Finales a medias, si es que los hay. La realidad es, por lo general, un borrador que nadie corrige. Y por eso, cuando algo parece seguir las reglas del relato clásico –un clímax, una ironía trágica, una resolución narrativamente satisfactoria–, lo primero que sentimos no es admiración, sino sospecha.

Porque cuesta creer que existiera un niño de nueve años que identificó uno a uno los cadáveres de su familia en una morgue improvisada sin que nadie lo haya inventado. Cuesta creer que un violinista muriera el cuarto día de su luna de miel, mientras tocaba la música de una comedia muda. Cuesta creer que George S. Patton, el general Patton, estuviera allí, entre vigas y tablones, dirigiendo operaciones de rescate como si la ciudad entera fuera ya un campo de batalla en Europa. Cuesta más todavía aceptar que el propio arquitecto del edificio pasase horas entre los restos de su obra derrumbada, no huyendo de la vergüenza o la culpa, sino ofreciendo café caliente a los heridos. Y que luego, años después, se quitara la vida. Y que también lo hiciera, una década más tarde, el propietario del teatro. Todo parece demasiado alineado, demasiado simbólico, casi, bueno, teatral. Sin embargo, ocurrió.

+ + +

¿Qué hacemos cuando la realidad imita el relato? ¿Cómo reaccionamos cuando los hechos no solo se ajustan a una lógica emocional reconocible, sino que la amplifican? Lo lógico, decía, sería que desconfiáramos y exigiéramos pruebas, que desmontáramos la narrativa para rescatar los datos. Pero a veces –pocas veces, insisto– sucede lo contrario: la historia se cuenta sola. Como si hubiese estado esperando a ser contada. Como si todo, incluso el desastre, obedeciera a un guion invisible. Y esto provoca un cierto vértigo: que incluso cuando no manipulamos los hechos ni forzamos las piezas para que encajen en una estructura conocida, el relato sigue apareciendo. Que hay episodios en los que no es necesario editar la complejidad ni simplificar las causas para que emerja una tragedia con su simetría intacta. Que a veces el mundo no necesita que lo ficcionemos porque ya viene con la ficción incorporada.

Pero otras veces no es que la tragedia traiga incorporada la ficción, sino que la ficción engulle la tragedia. La metaboliza. La digiere. La transforma en otra cosa. Un personaje, por ejemplo. Un mito. Una criatura mediática que no se arrastra por los escombros con una pala ni reparte café en vasos de cartón, sino que entra en un plató y lo llena con su sola presencia. Entonces el relato, en lugar de dar forma al mundo, lo rediseña directamente para convertir al culpable en protagonista.

Jesús Gil y Gil. Decir el nombre entero –con ese eco de reiteración oximorónica– es ya invocar un universo completo. No un hombre. Un universo. Un ecosistema moral, político y narrativo donde el ladrillo se mezcla con el *show*, la especulación con la carcajada, la ruina con el *prime time*. Gil fue muchas cosas –empresario, alcalde, constructor, presidente de fútbol, villano, estrella–, pero por encima de todo fue alguien a quien el sistema no castigó, sino que absorbió.

Si parásemos en la calle a cualquier persona –a cualquier señora, a cualquier tertuliano de bar jubilado, a cualquier *millennial* con nostalgia impostada por los noventa– y le pidiésemos que dijera lo primero que se le venga a la cabeza al oír el nombre de Jesús Gil, probablemente respondería «Atlético de Madrid». Y a continuación «Marbella». Y después «el *jacuzzi*». Ese *jacuzzi* (o piscina). Ese plató húmedo y *kitsch* donde Gil aparecía como una especie de versión ibérica de Jabba the Hutt, rodeado de modelos falsas –falsas en el sentido de que no parecían exactamente humanas, sino más bien generadas por un algoritmo analógico y turbio que combinaba curvas con bikinis y sonrisas de mercadillo– y con un micro de corbata colgado de una cadena de oro, que era, quizá, lo único que se veía de él que no fuese piel o grasa o vello o voz. Ese micro, además, tenía un cable largo –negro, discretísimo– que se hundía en el agua sin que a nadie, absolutamente a nadie, se le pasase por la cabeza que eso pudiese ser un problema. No porque no nos importase su salud (que, siendo honestos, su salud y él llevaban ya un tiempo sin parecer buenos amigos), sino porque era casi impensable que algo tan vulgar, tan cotidiano como una descarga eléctrica pudiese afectarle en lo más mínimo. ¿Jesús Gil, muerto por electrocución en un *jacuzzi* de Telecinco? Por favor. La idea producía risa. Era como imaginar que a un rinoceronte lo matase una aspirina. Además –dato técnico, un poco decepcionante– los voltios que circulan por un micro de corbata no alcanzan ni para matar a una rana: como mucho, un cosquilleo, un sustito, un espasmo leve en la espinilla. Nada a lo que un cuerpo como el de Gil –geológico, tumultuoso– no pudiese sobrevivir mientras seguía hablando a cámara y haciendo gestos con las manos.

Dirían que gritaba. Que insultaba. Que hablaba como si cada frase fuese una sentencia judicial en versión chabacana. Que amenazaba a árbitros, aporreaba mesas, que le partió la cara a algún que otro presidente en un arranque de testosterona *vintage*. Que inventó un partido político con sus iniciales (el GIL, Grupo Independiente Liberal, claro que sí, más ególatra que eso solo habría sido bautizar un partido «Jesús Gil, Sociedad Ilimitada»). Que malversó fondos. Que urbanizó más allá del apocalipsis. Que convirtió Marbella en un decorado de cartón piedra para millonarios en chanclas y mafiosos en yate. Que lo multaron, que lo condenaron, que lo absolvieron, que lo reeligieron. Que lo amaron. Que lo odiaron. Que fue un icono pop cuando aún no sabíamos que todo podía serlo. Pero casi nadie –y esto es lo de verdad significativo– recordaría, al menos de primeras, que antes de todo eso, mucho antes del *jacuzzi*, de los bikinis, del caballo que abrió la cabalgata del doblete y trotaba metafóricamente por el palco presidencial como si fuera el epílogo de una zarzuela mal montada, Jesús Gil fue el responsable directo de la muerte de 58 personas y de 147 heridos. Cincuenta y ocho muertos. No en una guerra. No en un atentado. No en una cadena de decisiones oscuras e impersonales. En un complejo turístico de lujo con zonas verdes, lago artificial, apartamentos y un restaurante preparado para grandes banquetes. En un edificio.

El 15 de junio de 1969 el techo del nuevo comedor del restaurante de la urbanización Los Ángeles de San Rafael –en Segovia, en la falda norte de la sierra de Guadarrama, entre pinares inmóviles y promesas de segunda residencia para las clases medias-que-se-creían-altas del tardofranquismo– se vino abajo sin aviso. Debajo, atrapadas entre vigas y cascotes, quinientas personas celebraban una convención de la cadena holandesa de supermercados Spar. Una convención, dicho sea de paso, que prometía ser un escaparate, una fiesta de modernidad, una de esas citas que aparecerían en las páginas a color de *Lecturas* o, aún mejor, en la crónica empresarial del diario *ABC*, bajo el epígrafe de «Éxito de convocatoria». Camareros con pajarita, vino blanco con gas, canapés de huevo hilado y chuletones. El sueño de un país que todavía confundía desarrollo con hormigón fresco.

El nuevo comedor se había terminado –si esa palabra tiene aquí algún sentido– tres días antes. Tres. Ni semanas ni meses. Tres días. El cemento aún no había terminado de fraguar y, según algunos testigos, había lonas colgando de las paredes como disfraces improvisados: ocultaban ventanas sin vidrios y tabiques sin rematar. Aun así, allí se reunieron cinco centenares de personas: camareros mezclados entre empleados de Spar, cargos intermedios y algún aspirante a político de segunda fila. Los hombres con corbata y reloj grueso, las mujeres con vestido estampado y peinado de laca. Representantes de un país que se estaba convenciendo a sí mismo de que la modernidad era un cóctel con hielo y una urbanización con embalse artificial para salir a pasear en canoa. El plan urbanístico que dio luz verde a todo aquello –a las parcelas, al lago, a los apartamentos en edificios que parecían sacados de un catálogo suizo mal traducido– se aprobó en 1967. Un año después, Adolfo Suárez, gobernador civil de

Segovia y aún en su versión pre-Transición, cortó la cinta inaugural. España empezaba a hablar con soltura ese dialecto del futuro que sonaba a «apertura», a «inversión extranjera», a «turismo de calidad». Y en medio de toda esa verbena de promesas, Gil. Treinta y seis años. Promotor visionario, hombre hecho a sí mismo, el tipo que iba a levantar un paraíso residencial a una hora de Madrid.

Las obras del nuevo comedor estaban previstas para finales de julio, pero Gil tenía prisa. No por terminar el edificio, sino por llenarlo. Por explotarlo. Porque ya había cerrado el acuerdo con Spar. Porque esas quinientas personas no eran solo comensales: eran contactos, nombres, piezas de un engranaje político y económico que podía colocarlo justo donde él quería estar. Así que aceleró. Pidió más obreros y más horas. El edificio se terminó a martillazos, como un decorado cuyos últimos tornillos se aprietan minutos antes del estreno. Sin proyecto ni licencia. Sin aparejador. Sin arquitecto. Fue Gil quien lo hizo. Él. No delegó. No pidió permiso. La obra se levantó con sus órdenes, con su omnipotencia naciente. Cualquiera que hubiera osado contradecirle habría sido silenciado con una bofetada verbal o un despido inmediato. Gil no discutía, ejecutaba. Como un emperador con pantalones de lino y casco de obra, convencido de que su voluntad podía curvar el acero. Como lo haría siempre. Como lo seguiría haciendo durante décadas.

Gil se responsabilizó, sí. Técnicamente. Jurídicamente. Formalmente. Lo hizo ante el juez, ante los medios, ante los papeles. Le declararon culpable de homicidio por imprudencia. Pero –y esto no es un matiz menor, sino el corazón del asunto– nunca pidió perdón. No consta, en ninguna crónica, en ninguna entrevista, que se dirigiera a las familias de las víctimas, a los heridos, a los que tuvieron que salir del restaurante cubiertos de polvo y con los zapatos manchados de sangre, para decir lo siento. Años después, en platós de televisión (claro), negó que él fuese el causante de la tragedia. Nunca se disculpó, ni con palabras ni con gestos. Lo más parecido a un acto de contrición fue una cifra. Primero ofreció trescientas mil pesetas por cada persona muerta. Una cantidad que, incluso para los estándares de los setenta, resultaba ofensiva. Como si las vidas humanas pudieran tasarse a precio de apartamento sin vistas en la misma urbanización. Las familias rechazaron la oferta. Entonces subió la apuesta: medio millón. También rechazado. Finalmente, aseguró que pagaría un millón por cada víctima mortal, pero cuando llegó el acuerdo –ese momento en que las palabras se convierten en contratos y las tragedias se archivan en el Registro Civil y en las carpetas de los abogados– la cifra fue de seiscientas cincuenta mil pesetas por muerto. Ni un millón ni nada que pudiera confundirse con arrepentimiento. El regateo de un tenderete. El total ascendió a cuatrocientos millones de pesetas. Esa fue la cifra final. Una suma que incluía las indemnizaciones por fallecidos y heridos, la responsabilidad civil, los honorarios de los abogados, las tasas judiciales. Todo. Una liquidación completa del desastre.

A cambio de esa suma, la condena de cinco años se redujo a solo un año y medio. El indulto fue perseguido por Guadalupe, la madre de Gil –y de apellido también Gil– y firmado por el mismísimo Franco. Un indulto que no fue ni secreto ni escandaloso. Fue, en esencia, parte del paisaje. Una firma más en un ecosistema en el que ciertas firmas eran capaces de convertir a los culpables en mártires y a los mártires en molestos.

En ese breve paso por prisión –porque sí, entró; al menos de manera simbólica, entró– le dio tiempo a montar un pequeño negocio de contrabando entre rejas. Un microemprendimiento carcelario. No por necesidad económica, claro, sino por pulsión. Por ADN. Por el mismo motivo por el que otros fuman o escriben poesía: porque no pueden evitarlo. Gil hacía negocios incluso encerrado y condenado. Incluso con cincuenta y ocho muertos a la espalda. Ese era él. No se reformaba, se reciclaba.

Esa es, quizá, la razón por la que la tragedia de Los Ángeles de San Rafael sigue operando como una herida abierta. No porque no se hablara de ella –se habló–, ni porque no se juzgara –se juzgó–, sino porque no tuvo cierre. No uno real. No uno que funcione como punto final. Porque Gil no desapareció. No se evaporó como el Sampoong Group, cuyo nombre se volvió impronunciable. No se deshizo en el polvo de la ignominia como Sohel Rana, que se convirtió en la fotografía incómoda de un detenido que ya nadie quiere mirar. Tampoco se diluyó en la letra pequeña de la historia, como la SADE italiana o los ingenieros de la presa de Malpasset, que fueron absorbidos por el archivo técnico y el lenguaje jurídico, por el barro literal y administrativo del desastre. Y desde luego –desde luego– no se fue en silencio, con la cabeza baja. No eligió la sombra como Reginald Geare y Harry Crandall. Gil no desapareció; se convirtió en una estrella. Lo convertimos en una estrella.

Uno se pregunta, o debería preguntarse, qué sintieron los familiares de las víctimas. Los heridos. Los que salieron del restaurante cubiertos de sangre que no era toda suya, con trozos de yeso en el pelo y un pitido en los oídos que no se fue en semanas. Qué pensaron, exactamente, cuando años después encendieron la televisión, en horario de máxima audiencia, y vieron a aquel hombre. No un figurante ni un secundario. El protagonista. El rostro. El que estaba ahí, en el *jacuzzi*. Sonriendo. Bronceado. Charlando con una mezcla de descaro y solemnidad impostada, como si todo lo anterior –las muertes, las indemnizaciones, el año y medio de prisión simbólica, el indulto– hubiera sido apenas un malentendido administrativo, una adolescencia mal gestionada. Los que estamos fuera siempre podemos justificarnos diciendo que entre la tragedia y el ascenso mediático de Gil pasaron demasiadas cosas: el final del franquismo, la Transición, los años más duros del terrorismo, un cambio entero en la cultura política del país. Eventos que reconfiguraron tanto el mapa emocional de España que sepultaron, casi sin querer, lo que Gil había hecho en el pasado. Pero ¿las familias de las víctimas? ¿Con qué argumento se supone que tendrían que haberse olvidado? ¿Qué se siente al ver que el hombre que construyó el edificio donde murió tu padre, tu hermana, tu pareja, no solo no se esconde, no solo no desaparece, sino que acumula poder, cámaras, palcos de fútbol, escudos de ciudad y votantes que le corean como si fuera una mezcla entre Nerón y Chiquito de la Calzada? ¿Qué se siente cuando el culpable no es castigado, ni siquiera olvidado, sino reciclado, absorbido, glorificado? Tal vez rabia. Tal vez una forma de incredulidad que ni siquiera sabe en qué parte del cuerpo alojarse. Tal vez una náusea moral que se vuelve permanente, como una migraña que no se apaga ni con el paso del tiempo ni con los gestos de los demás. O tal vez algo más silencioso: una resignación espesa que al final convence, simplemente, de que las cosas son así. De que el espectáculo devora todo, también la memoria.

Es casi monstruoso –en su escala y en su indiferencia– el modo en que la sociedad contemporánea, esta sociedad del espectáculo que diagnosticaría Guy Debord, engulle el pasado y regurgita mitología. No importa lo que alguien haya hecho, sino lo que pueda llegar a ser como personaje. Si encaja, si entretiene, si llena platós, si genera titulares o memes o sube los índices de audiencia, entonces sirve. Y si sirve, se queda. La máquina del espectáculo no exige redención, exige rendimiento. No pregunta por los escombros ni por los muertos. Pregunta si hay carisma, si hay gritos y si hay una cámara y un micrófono desde donde proferirlos. Pero esa maquinaria no opera sola. No es una abstracción que actúe al margen de nosotros. La alimentamos. La financiamos. La seguimos. Nos reímos de sus excesos como los espectadores de *La parada de los monstruos* de Tod Browning, pero compartimos sus frases. Compramos el relato editado en cápsulas de entretenimiento digerible.

Debord escribió que no vivimos en un mundo que consume imágenes, sino en un mundo que *es* imagen. Gil era una imagen perfecta. Un producto

–un relato– en sí mismo. Una ficción estabiliza-
da. Un personaje al que mirar no porque tuviera
sentido, sino precisamente porque no lo tenía, y
cuanto menos sentido tenía, más fuerte resultaba
el impulso de seguir observándolo. La culpa ya no
importaba. Los hechos habían sido neutralizados
por el número de apariciones, el grosor de su
cuerpo, el grosor de su voz, el grosor de su personaje. Y nosotros insistíamos en mirar, mientras el
jacuzzi terminaba de disolver los cadáveres.

Pedro y el lobo, pero sin música de Prokófiev

La relación señal/ruido se define, de forma aparentemente aséptica, como la proporción existente entre la potencia de la señal que se transmite y la potencia del ruido que la corrompe. Es una fracción, una expresión matemática más o menos elegante que se puede aplicar en muchos contextos: en sistemas de radar, en química analítica, en ingeniería de telecomunicaciones, en música electrónica y, por supuesto, en cualquier conversación a gritos durante una boda con DJ. En esencia es una medida de claridad. De limpieza. De si se entiende o no se entiende lo que alguien (o algo) está intentando decir. Por eso, aunque su nombre parezca un tecnicismo reservado a ingenieros de telecomunicaciones y a personas que aún distinguen entre AM y FM, todos operamos más o menos con esa lógica, aunque no la llamemos así. Cuando uno se acerca demasiado a un altavoz y empieza a oír chirridos incómodos; cuando una conversación por teléfono se llena de crujidos, de ecos, de retardos; cuando una alerta del móvil se superpone con otra y luego con otra y luego con otra más, hasta que ya no se sabe cuál era la importante –si alguna lo era–, lo que está ocurriendo es un descenso de la relación señal/ruido. Más ruido que señal. Más distorsión que mensaje.

Es también la razón por la que los móviles tienen que estar en modo avión mientras el aparato despega o aterriza, no porque vayan a desestabilizar las alas –aunque el mensaje que aparece en la pantalla pueda sugerir que ese clic inocente en la función «modo avión» garantiza la integridad de un Boeing 737 como quien cuelga un amuleto en el retrovisor–, sino porque la acumulación de interferencias, la cacofonía de microemisiones individuales de cientos de dispositivos buscando red a la vez, puede hacer que el ruido se imponga a la señal. Y no a cualquier señal: la que reciben los pilotos desde la torre de control. Es decir, la voz que dice si deben frenar o virar, iniciar la maniobra de aproximación o despegar. La voz que, si se pierde, puede hacer que en lugar de aterrizar se atraviese una pista ya ocupada o que se escuchen dos instrucciones al mismo tiempo o que, directamente, no se escuche nada. El imaginario colectivo suele sobreactuar con estos temas, como si el WhatsApp de un adolescente pudiera derribar un Airbus, pero la suma importa. No por su potencia individual, sino por su redundancia, por su insistencia. Un solo pitido no molesta. Cien pitidos simultáneos convierten el canal en una sopa de frecuencias indigerible.

¿Por qué la riada pilló a la chica de Paiporta paseando a los perros? ¿Por qué estaba haciendo vida normal? Es más, ¿por qué aún existía la vida normal? La razón más probable es que la vida normal –el murmullo cotidiano que nos dice que todo sigue en orden– está demasiado llena de ruido y, entonces, las señales se diluyen. Sí, es rigurosamente cierto que la alerta móvil emitida con la anticipación adecuada habría salvado vidas, pero por desgracia no podemos saber cuántas. En 2023 hubo una alerta similar en la provincia de Toledo y la Comunidad de Madrid, también por lluvias (aunque no tan fuertes), y el subdirector de un periódico de tirada nacional se permitió ridiculizarla, acusándola de algo así como de intromisión orwelliana del Estado en la privacidad del individuo. La alerta sonó, pero, aun así, ese día murieron cinco personas.

La alerta móvil de emergencias suena como una alarma antiaérea –hace todo lo posible por destacar su señal del ruido–, pero no es un meteorito. Circula en una misma realidad sobrecargada de avisos, de notificaciones, de *banners* en rojo, de titulares que gritan «última hora» aunque hablen de un atasco o de la ruptura de una pareja famosa. Cada día, cada hora, el mundo produce más señales de las que puede gestionar y, entonces, lo que debería ser una advertencia se convierte en otro episodio del espectáculo. El miedo se vuelve una rutina, una sección fija del telediario.

Hay una lógica profundamente perversa en esta saturación. Porque lo que debería servir para protegernos –el aviso, la alerta, la sirena– termina funcionando como entretenimiento. Las imágenes del desastre corren más rápido que el desastre. Las cifras se actualizan en directo. Las redacciones compiten por ser las primeras en publicar el vídeo más impactante, el testimonio más lacrimógeno, la curva más pronunciada del gráfico. Al final, el lector –o el espectador, o el usuario, o el peatón con el móvil en la mano– ya no sabe si está recibiendo información o participando en una ficción interactiva, una especie de serie por entregas donde la catástrofe es el *cliffhanger* del día. Cuando todo es alerta roja, nada es alerta roja, y el hombre del tiempo advirtiéndonos de que mañana habrá un evento meteorológico severo, incluso inaudito, se pierde entre las tertulias supuestamente políticas con música de *thriller* de acción, el último vídeo viral de alguien cocinando con voz de película de tacitas, el locutor de deportes elevando el tono porque el Madrid necesita una remontada (otra vez), el último libro con los cantos pintados, este escritor que dice que antes había más libertad, Israel ha bombardeado Gaza (otra vez), Rusia ha bombardeado Ucrania (otra vez), Trump ha dicho algo absurdo (otra vez), mira, el aceite está por las nubes, mira, ha explotado un coche eléctrico y ha provocado un incendio, mira, ahora no se va a poder circular por el centro, mira qué bonito este pueblo a solo dos horas de la capital, dicen que el mundo tiene que prepararse para próximas pandemias, dicen que Europa tiene que prepararse para la guerra, dicen que hay que prepararse para la sequía, para el calor extremo, para las lluvias torrenciales, para el apagón digital, para el colapso del sistema bancario, para el colapso de las abejas, para el colapso de las pensiones, para el colapso del sistema inmunológico, para el colapso de la salud mental de los adolescentes, para el colapso de la democracia liberal, para el colapso de la sanidad pública, para el colapso del Barça, para el colapso de la industria del cine, para el colapso de la industria del libro, para el colapso de todas las industrias creativas por culpa de la inteligencia artificial, para el colapso de la inteligencia artificial por culpa de las demandas judiciales, para el colapso del relato, para el colapso del hielo antártico, para el colapso del transporte aéreo, para el colapso del transporte por carretera, para el colapso de los sistemas educativos, para el colapso de los padres primerizos, para el colapso de la natalidad, para el colapso de los antibióticos, para el colapso de las plataformas de *streaming*, para el colapso del algoritmo de TikTok, para el colapso de la masculinidad, para el colapso del poliamor, para el colapso de los cruceros, para el colapso del sueño REM, para el colapso del sueño en general, para el colapso de la fertilidad femenina después de los treinta y cinco, para el colapso de la fertilidad masculina después del wifi, para el colapso del sistema de evacuación de aguas de las grandes ciudades, para el colapso de las infraestructuras críticas, para el colapso de las apps bancarias, para el colapso del concepto de privacidad, para el colapso del lenguaje inclusivo, para el colapso del lenguaje en general, para el colapso de la diplomacia, para el colapso de los misiles hipersónicos, para el colapso de las relaciones estables, para el colapso de las relaciones líquidas, para el colapso de la fiesta de cumpleaños de tu hijo, para el colapso de las redes neuronales, para el colapso de los *influencers*, para el colapso de la fe, para el colapso de los datos móviles en zonas rurales, para el colapso del sueño americano, para el colapso de la lista de la compra, para el colapso de las madres en grupos de WhatsApp, para el colapso de los ciclos menstruales en sincronía con la luna, para el colapso del sistema ferroviario español, para el colapso del sistema ferroviario en general, para el colapso del futuro, que al parecer sigue en camino, aunque llegue colapsado. Pedro y el lobo y un esqueleto tocando el organillo.

El párrafo anterior es una enumeración de sesenta y ocho ítems y un error (el verdadero título del cuento es *El pastor mentiroso*; *Pedro y el lobo* es un poema sinfónico de Serguéi Prokófiev), y su objetivo es que quien llegue al final lo haga exhausto. Aturdido. Y en ese estado –aturdido, exhausto– no se pueden encontrar soluciones. Es probable que ese párrafo no aporte ninguna. Tampoco este libro. O no las soluciones que todo el mundo querría. No hay aquí una guía de buenas prácticas urbanas ni un protocolo de emergencia ni una fórmula mágica para evitar que la construcción sea un artefacto especulativo o para impedir que los aparcamientos se inunden, que el agua suba, que la señal se pierda. No hay algoritmo ni promesa. Solo hay una sospecha: que si hemos llegado a este punto quizá no se trate de fabricar más sirenas, sino de aprender a distinguir el silencio. Porque a veces el problema no es que falte la señal, sino que no sabemos cuándo ha empezado a sonar. O peor: que suena todo el tiempo. Porque si algo queda claro después de todo –de las camisetas a 9,95 euros, de las alertas, de las ventanas sin vistas, de los edificios que se hunden sin previo aviso, de los titulares, de las cifras, de las listas de nombres, de los minutos de silencio, de los subtítulos, del lodo–, es que el ruido no cesa. Que vivimos dentro de él. Que el desastre, más que una excepción, se ha convertido en la atmósfera.

Cuando David Foster Wallace pronunció el discurso inaugural del curso de 2005 en el Kenyon College, describió la normalidad como el agua en la que nadan los peces. En la que han nadado desde siempre sin saberlo, sin verla, sin siquiera ser conscientes de su existencia. Pero el agua existe. Aunque no la nombren, aunque no la miren, aunque no hagan nada especial con ella, está ahí. Los rodea y los sostiene. Quizá –solo quizá– sí haya algo que se pueda hacer. No para evitar el próximo colapso ni para convertir este ensayo en herramienta, sino para rebelarnos contra la *inexistencia* de la vida normal. Porque la vida normal no es una ficción, no es un relato, y no tendríamos por qué resignarnos a que tan solo sea un zumbido de fondo. Porque la vida normal –cuando se la mira de cerca– es un lugar delicado y precioso.

Agradecimientos

A Don DeLillo, claro.

A la chica de Paiporta.

A quienes perdieron la vida normal.

A Lucas, por enseñarme la vida normal.

A Juan Dual y a todos los que limpiaron el barro durante días.

A Esmeralda Martínez, por sus mapas.

A todas las personas que me leen en redes. Si habéis llegado hasta aquí, quiero que sepáis lo importantes que sois.

*En el soleado barrio de Villaverde,
en abril de 2025*

«Para viajar lejos no hay mejor nave que un libro».

EMILY DICKINSON

Gracias por leer este libro.

En **penguinlibros.club** encontrarás las mejores
recomendaciones de lectura.

Únete a nuestra comunidad y viaja con nosotros.

penguinlibros.club